最高人民法院法官会议纪要丛书

最高人民法院行政审判庭
法官会议纪要

第二辑

最高人民法院行政审判庭 编著

人民法院出版社

图书在版编目（CIP）数据

最高人民法院行政审判庭法官会议纪要. 第二辑 / 最高人民法院行政审判庭编著. -- 北京 : 人民法院出版社, 2023.7
（最高人民法院法官会议纪要丛书）
ISBN 978-7-5109-3816-0

Ⅰ. ①最… Ⅱ. ①最… Ⅲ. ①最高法院－行政诉讼－审判－会议纪要－中国 Ⅳ. ①D925.318

中国国家版本馆CIP数据核字(2023)第106541号

最高人民法院行政审判庭法官会议纪要（第二辑）
最高人民法院行政审判庭 编著

策划编辑 兰丽专
责任编辑 路建华
执行编辑 杨晓燕
出版发行 人民法院出版社
地　　址 北京市东城区东交民巷27号（100745）
电　　话 （010）67550508（责任编辑） 67550558（发行部查询）
65223677（读者服务部）
客服QQ 2092078039
网　　址 http://www.courtbook.com.cn
E-mail courtpress@sohu.com
印　　刷 三河市国英印务有限公司
经　　销 新华书店

开　　本 787毫米×1092毫米 1/16
字　　数 195千字
印　　张 15.25
版　　次 2023年7月第1版 2024年12月第4次印刷
书　　号 ISBN 978-7-5109-3816-0
定　　价 69.00元

前　言

近年来，行政诉讼案件数量大幅度增长，行政诉讼中涉及的许多法律适用问题也亟待统一，然而制定法有滞后性的特点，虽然最高人民法院致力于通过完善司法解释的规定来解决司法实践中遇到的法律问题，并且通过案件请示制度、提级管辖制度等共同探索疑难复杂案件特别是法律适用问题的处理，这些制度起到了一定的作用，但是仍然不能适应司法实践中出现的多样化情况，需要综合各种措施共同推进法律适用的统一、实现类案裁判标准的统一。无论是发布指导性案例、公报案例、典型案例还是最高人民法院出台《关于统一法律适用加强类案检索的指导意见（试行）》，都是希望通过案例的方式促进裁判标准的统一，让法律问题更为直观，便于社会大众理解，也希望各级法官能够树立案例意识，防止机械适用法律，不仅探究法条的表面文字含义，更要关注社会实践和实际情况，结合立法目的，结合关联法律条文，充分发挥案例的指导和参考作用，全面准确解释法律条文的含义，正确适用法律。

最高人民法院行政审判庭法官会议纪要同样也是依托于案例，经过最高人民法院行政审判庭法官会议讨论的案例能够起到对同类法律问题适用统一、指导的作用，将经过法官会议讨论的案件抽象化并予以公开，不仅让各级法院行政审判工作人员能够了解最高人民法院行政审判庭法官会议在具体案件中的法律适用标准和观点，还能够让行政机关以及广大人民群众了解案件裁判中法官的认知和理解，充分发挥行政审判保护公民合法权益、监督行政机关依法行政、推进法治政府建设的作用。我们对近几年经过最高人民法院行政审判庭法官会议讨论的典型案例进行了筛选，挑选出审判实践中有一定争议需要统一且经研究能够达成一定共识的典型案例，凝聚出具体的法律问题加以分析和研究并集结出版。对于审判实践中争议较大、尚未能形成共识或者需要通过法律、司法解释等进一步明确的问题，不作为法官会议纪要的内容对外发布，等待相关规定出台予以明确，以确保法官会议纪要于法有据且不与法律规定相冲突。

《最高人民法院行政审判庭法官会议纪要（第二辑）》依然承接了《最高人民法院行政审判庭法官会议纪要（第一辑）》的风格，每个纪要分为案件摘要、法律问题、意见阐释、法律法规链接、类案检索报告几个部分，以简洁明了的风格和方式展示法律问题和法律意见，希望能够发挥其在实践中的指导作用，为行政审判和行政执法提供参考。

最高人民法院行政审判庭

2023 年 6 月

目 录

1. 因《行政诉讼法》修改之前订立的招商引资协议引发争议的救济路径

案情摘要

某区管委会与某公司，于2013年9月、12月先后签订《某区工业项目招商合同书》《补充协议书》(以下统称招商引资协议)，该公司于2014年完成土地摘牌，以新注册的某有限公司作为受让人，与出让人市国土资源局签订《国有建设用地使用权出让合同》。因认为市政府、区政府、区管委会未依照招商引资协议的约定履行义务，该公司于2015年5月18日提起行政诉讼，请求判决：责令市政府、区政府、区管委会立即履行招商引资协议；由某区管委会支付土地差价款，并承担相应的违约责任。

法律问题

涉案招商引资协议纠纷是否属于行政协议纠纷？对2015年5月1日以前签订的招商引资协议、当事人于2015年5月1日以后提起行政诉讼的，人民法院应否立案受理。

不同观点

甲说：本案招商引资协议不属于行政协议，因而不属于行政诉讼受案范围

招商引资协议虽是区管委会为实现招商引资目标订立，但该协议的核心内容系区管委会将土地招拍挂成交价与基数的差额部分，以借款形式借给该公司，由该公司提供担保，在满足一定条件时由区管委会以奖励形式冲抵借款，实质上是借款与赠与的民事法律关系，不具有行政法上的权利义务内容，不属于《行政诉讼法》规定的行政协议，不属于行政诉讼的受案范围。

乙说：涉案招商引资协议因订立于2015年5月1日之前，不属于行政诉讼受案范围

2015年5月1日修改后的《行政诉讼法》实施后，将行政协议纳入行政诉讼受案范围。本案中，涉案招商引资协议订立于《行政诉讼法》修改之前，根据法不溯及既往原则，其不受修改后的《行政诉讼法》调整，依法不属于行政诉讼的受案范围。

丙说：涉案招商引资协议属于行政协议，行政机关不依法履行协议约定义务属于行政诉讼受案范围

涉案招商引资协议一方为行政主体，协议目的符合公共利益需要，协议内容除包括相关民事权利义务约定外，还包括大量难以与协议相分离的行政权利义务约定，依法属于行政协议范畴。某公司因诉讼管辖等方面考虑坚持对行政机关不依法履行行政协议义务行为提起行政诉讼，属于行政诉讼受案范围。对于2015年5月1日之前订立的行政协议争议，当事人可以选择民事诉讼救济，也可以选择行政诉讼救济，当事人坚持提起行政诉讼予以解决的，人民法院应当尊重当事人的选择，并作为行政案件立案和审理。

法官会议意见

采丙说

涉案招商引资协议系区管委会为地方国民经济和社会发展所订立，具有公共利益属性，该协议中所约定的双方权利义务，涉及国土、交通、财税、房管、物价、工商、规划、建设、质监等多个行政管理领域，多个行政机关作出的一系列行政批准行为，形成相应多个行政法律关系，依法属于《行政诉讼法》规定的行政协议。虽然招商引资协议签订于《行政诉讼法》修改以前，但是当时的法律、法规、司法解释没有明确规定此类纠纷只能通过民事诉讼途径解决，对于行政机关不履行招商引资协议约定义务行为提起行政诉讼，在《行政诉讼法》修改前后都属于行政诉讼的受案范围。对此类争议，人民法院应当尊重当事人的选择权。修改后的《行政诉讼法》实施后，当事人坚持对修改后的《行政诉讼法》实施前订立的行政协议案件提起行政诉讼的，人民法院按照行政案件对相关争议作出处理，也不存在法律和事实上的障碍。在这一前提下，当事人对行政机关不履行招商引资协议约定义务行为提起行政诉讼的，根据《行政诉讼法》第十二条第一款第十一项的规定，属于人民法院行政诉讼的受案范围。

意见阐释

修改后的《行政诉讼法》将行政协议争议明确为人民法院行政诉讼的受案范围，但某协议是否属于行政协议，属于实践中的争论较大的问题。同时，由于纠纷发生的时点、当事人请求救济的时点以及法律、司法解释实施的时间不一致，导致实践中面临修改后的《行政诉讼法》第十二条第一款第十一项规定的溯及力问题，即对于修改后的《行政诉讼法》实施以前订立的行政协议，当事人在修改后的《行政诉讼法》实施以后提起诉讼的（以下统称旧协议争议），实践中对于属于民事还是行政诉讼受理，一直争议较大。

一、个案裁判折射出的行政协议判断标准

对于行政协议的甄别难题，《最高人民法院关于审理行政协议案件若干问题的规定》（以下简称《行政协议规定》）第二条规定了若干有名行政协议，试图通过概括加列举的方式，破解受案范围难题。但是，正如定义行政行为不能一劳永逸解决行政诉讼的受案范围问题一样，定义行政协议，也仅是从法解释层面反映出行政协议的主要特征，却并不能“自动”识别行政协议。2017年以来，最高人民法院分别就国有建设用地使用权出让、招商引资、土地房屋征收补偿、资产转让等协议类行政案件作出的裁判，颇值得关注。这些个案裁判虽仅具有个案表征，但总体上反映出对兼有公法、私法规则，不能纯粹运用私法规则调整、不是纯粹的私法合同，如果对照法律概念和法定条件，能够结合协议主体、协议约定的主要内容、协议目的等综合论证、甄别为行政协议的，一般作为行政案件裁判为宜。具体而言，这些裁判的背后似乎折射出以下判定标准。

第一，对于纯粹由私法主体订立的协议，有时仍可能属于行政协议而需要“刺破协议的面纱”，综合协议约定的内容、前后端行政行为、协议一方与行政机关的关系、受益主体、协议目的等因素，对协议订立主体是否变异，加以研判。

第二，在协议约定中兼有公、私规则或者公法、私法关系难以分离时，如果满足以下条件之一，可以认为主要包含行政法上

的权利义务关系：一是约定指向未来行政机关要作出某个具体的行政行为；二是以约定代替过去行政机关作出某个具体的行政行为；三是约定的内容来源于行政法律规范的明确规定；四是当条件成就时，行政机关可以依约定实施单方变更或者解除权。

第三，行政协议通常既包含公共利益的实现，也包含私人利益的实现。其中，公共利益是首要的、目的性质的。但是，实现公共利益或者行政管理目标，一般仅指行政机关订立协议的目的；对相对方而言，应当允许实现私人利益或者有适度收益。

第四，不能认为协议中包含有“本着平等、自愿原则”“经友好协商”等内容，就认为协议是发生在私法主体之间的民事合同。这是因为，协议性、平等性也是行政协议的主要特征。由于协议是双方意思表示一致达成的，是双方法律行为，这也要求行政协议纠纷类型要围绕双方行为、关系之诉等主观诉讼类型加以构建，以区别于传统的以行政行为合法性审查为中心构建的客观诉讼类型。

第五，不能认为行政协议诉讼类型仅限于《行政诉讼法》规定的不依法履行、未按照约定履行、违法变更、解除行政协议四种情形，而应结合原告围绕协议的效力、协议的履行、协议的变更解除、协议的责任承担等提出的相应诉讼请求，对上述规定作扩大解释，尽量使其容许于行政诉讼，并防止同一性质的协议争议由行政诉讼和民事诉讼途径分别处理，出现行政裁判和民事裁判不一致的情形。

二、修改后的《行政诉讼法》实施之前的协议争议的处理

《行政协议规定》第二十八条以行政协议的订立时点为分界点，规定形成于不同时间阶段的行政协议纠纷所应适用的法律规定，即对于修改后的《行政诉讼法》实施前订立的行政协议，按照当时的规定和当事人对纠纷解决方式的预期，主要通过民事诉

讼以及仲裁方式救济，对于修改后的《行政诉讼法》实施后订立的行政协议应当统一通过行政诉讼的方式救济。

第一，行政协议是当事人的诉讼请求所涉及的对象，如果行政协议是在修改后的《行政诉讼法》实施以前订立的，则统一要求当事人通过行政诉讼救济没有期待可能性，因此，应当根据协议形成当时的法律规定加以救济，如此更符合当事人的意思表示和预期。

第二，对 2015 年 5 月 1 日之前形成的协议纠纷，当时已经启动相应救济程序的，原则上排除之后行政诉讼的受理。也即，如果协议一方已经提起民事诉讼的，基于救济便利性和裁判统一性考量，应当继续以民事诉讼方式审理和裁判；或者协议一方已经依约申请仲裁，除非存在法定撤销事由，通常生效仲裁裁决具有相应的拘束力。

第三，由于在行政诉讼法框架内，行政机关作为行政协议的一方当事人，并不能通过主动提起行政诉讼或者通过反诉等方式要求协议相对方履行协议或者变更、解除协议，但是在民事诉讼法框架内，行政机关仍可以直接提起民事诉讼或者提起反诉。因此，如果一概要求修改后的《行政诉讼法》实施以前订立的行政协议争议只能通过行政诉讼方式解决，将在实质上剥夺行政机关的诉权，不利于纠纷的解决。

第四，在行政协议法律关系的形成过程中，包含了协议的订立、协议的生效、协议的履行等时点，相对而言，由于行政协议在形式上一般均要求以书面形式订立，较之于协议订立的时点较为单一、明确，协议的生效可能涉及附条件生效、附期限生效、经批准生效等不同情形，协议的履行更取决于当事人自身的具体情况而不确定。因此，通过协议的订立时点而不是协议的生效时点、协议的履行时点确定法律适用规范，有利于形成明确、统一的预期，也有利于防止已经形成的较为稳定的行政法律关系再次进入司法程序。

三、对《行政协议规定》第二十八条第二款的理解

为了充分保障当事人的合法权益,《行政协议规定》第二十八条第二款同时还规定了旧协议纠纷可以作为行政案件受理的例外情形,即"2015年5月1日前订立的行政协议发生纠纷的,适用当时的法律、行政法规及司法解释",对于这一规定,可以从以下几个方面加以理解。

第一,对"当时的法律、行政法规及司法解释"明确规定旧行政协议纠纷作为民事案件受理的,原则上不能作为行政案件受理。同时,修改后的《行政诉讼法》明确将行政协议纳入行政诉讼的受案范围,《行政协议规定》第二条也明文列举了公民、法人或者其他组织就"矿业权等国有自然资源使用权出让协议""政府与社会资本合作协议"以及"其他行政协议"提起行政诉讼的,人民法院应当依法受理,因此,上述协议争议在2015年5月1日以后订立并产生纠纷的,依法不应当再通过民事诉讼途径解决。

第二,从保障当事人诉权和确保法律适用统一的角度,对于"适用当时的法律、行政法规及司法解释"在语义上应当作出限缩解释。即只要当时的法律、行政法规及司法解释没有对某一特定类型的行政协议及其争议解决方式作出明确规定的,就应当允许当事人通过提起行政诉讼的方式加以解决,而不能仅以法律、行政法规及司法解释没有明确规定排除行政诉讼管辖。这是因为不论有无《行政诉讼法》的规定,也不论其具体名称,行政协议作为一种社会现象是客观存在的,修改后的《行政诉讼法》实施后,只是对原先未明确由行政诉讼管辖的行政协议案件,明确规定属于行政诉讼的受案范围。因此,在修改后的《行政诉讼法》实施前,尽管按照当时的法律规定,行政协议一般均作为民事案

件受理和审理，但法律也没有绝对排除所有行政协议均不能通过行政诉讼解决，特别对于当时的法律没有明确规定应当通过民事诉讼解决的，鉴于其本质属于行政协议案件，纠纷的法律关系与《行政诉讼法》修改之后并无不同，在没有法律依据可以适用时，协议双方对法律适用也没有相应预期，当事人可以选择通过民事诉讼或者行政诉讼救济。

第三，民事诉讼已经拒绝受理，当事人根据民事裁判的指引提起行政诉讼的，行政诉讼原则上应当依法立案受理。由于裁判观点不同，对即便依照当时的法律、行政法规及司法解释的规定应当通过民事诉讼受理的，不同法院，或者同一法院的不同法官，对当事人提起的民事诉讼仍然可能采受理或者不予受理两种截然不同的处理方式。比如，有的房屋拆迁补偿安置协议，当事人首先提起民事诉讼，但生效民事裁定驳回起诉并指明应当提起行政诉讼；当事人提起行政诉讼后，一审法院作出实体判决，二审法院以根据当时的法律规定应当作为民事案件受理为由，撤销一审判决，裁定驳回起诉。如果拘泥于当事人应当按照当时的法律规定提起民事诉讼，而无视民事生效裁定驳回当事人起诉的既定事实，当事人就将反复提起循环诉讼，其实质争议也无法得到解决。在此前提下，为充分保障当事人的实体权益，以及减少不必要的诉累，同时结合案件本身的性质和行政审判的便利性，如房屋拆迁补偿安置协议争议与房屋征收补偿安置协议争议就具有同质性，人民法院行政诉讼应当立案受理并作出实体判决。

法律法规链接

1.**《中华人民共和国行政诉讼法》**（2017 年 6 月 27 日第二次修正）

第十二条 人民法院受理公民、法人或者其他组织提起的下列诉讼：

……

（十一）认为行政机关不依法履行、未按照约定履行或者违法变更、解除政府特许经营协议、土地房屋征收补偿协议等协议的；

……

2.《最高人民法院关于审理行政协议案件若干问题的规定》（2019年11月27日）

第一条 行政机关为了实现行政管理或者公共服务目标，与公民、法人或者其他组织协商订立的具有行政法上权利义务内容的协议，属于行政诉讼法第十二条第一款第十一项规定的行政协议。

第二条 公民、法人或者其他组织就下列行政协议提起行政诉讼的，人民法院应当依法受理：

（一）政府特许经营协议；

（二）土地、房屋等征收征用补偿协议；

（三）矿业权等国有自然资源使用权出让协议；

（四）政府投资的保障性住房的租赁、买卖等协议；

（五）符合本规定第一条规定的政府与社会资本合作协议；

（六）其他行政协议。

第二十八条 2015年5月1日后订立的行政协议发生纠纷的，适用行政诉讼法及本规定。

2015年5月1日前订立的行政协议发生纠纷的，适用当时的法律、行政法规及司法解释。

类案检索报告

一、检索工具：法信平台——类案检索。

二、关键词：行政协议、受案范围；筛选条件：审理法院——最高人民法院。

三、检索结果：检索关键词“行政协议、受案范围”，共检索出 5 件行政案件。

四、类案文书：

序号	案件名称	案由	案号
1	张某六等 20 人诉浙江省义乌市义亭镇人民政府确认土地协议无效案	土地协议	（2016）最高法行申 1785 号
2	杨某生诉被告寿阳县人民政府、第三人杨某成房屋拆迁补偿安置协议案	房屋拆迁补偿安置协议	（2016）最高法行申 4300 号
3	蒋某玉诉重庆高新技术产业开发区管理委员会撤销行政协议案	行政协议	（2017）最高法行再 49 号
4	大英县永佳纸业有限公司诉四川省大英县人民政府不履行行政协议案	行政协议	（2017）最高法行申 195 号
5	成都亿嘉科技有限公司等诉四川省乐山市沙湾区人民政府解除投资协议及行政赔偿案	投资协议	（2018）最高法行再 1 号

（撰写人：耿宝建、殷勤）

2. 对订立征收补偿协议后又作出征收补偿决定的处理

案情摘要

县政府因城际铁路工程需要征收集体土地，并成立了城际铁路指挥办公室，王某等人的住宅在征收范围。镇政府分别与王某等人签订了补偿安置协议，王某等人尚未领取补偿款，镇政府为补偿安置资金设置了专款账户，王某等人的补偿款已存入专款账户。王某等人以县政府、镇政府为共同被告，诉请确认补偿安置协议无效，法院生效判决驳回了其诉讼请求。之后，城际铁路指挥办公室、镇政府对王某等人分别作出房屋征收补偿决定，补偿决定确定的金额与补偿安置协议约定的补偿金额一致。王某等人不服诉至法院，请求撤销房屋征收补偿决定。

法律问题

集体土地征收，被征收人签订补偿安置协议且协议已经生效判决确认效力的情况下，相关行政主体再对被征收人作出房屋征收补偿决定，被征收人对该补偿决定不服提起行政诉讼的，人民法院应当如何处理？

不同观点

甲说：应当依法受理并进行实体审理

在集体土地征收过程中，尽管行政机关与被征收人签订了补偿安置协议，但之后所作出的补偿决定类似于国有土地上房屋征收补偿决定，涉及对被征收人如何补偿、补偿方式、补偿标准以及后续处理，直接影响被征收人的实体权利义务，被征收人对补偿决定不服的，人民法院应当依法受理。

乙说：依法可以裁定驳回起诉

在集体土地征收过程中，征收人与被征收人签订行政协议且该行政协议已被生效判决确定具有法律效力的，补偿事项依法已经被确定。之后作出的补偿决定只是为了强制执行的需要而作出的行为，没有超过协议之外给当事人设立新的义务，就是相当于《行政强制法》规定的催告履行，对当事人的权利义务不产生实际影响。

法官会议意见

采乙说

征收补偿协议属于行政协议，引发的相关争议属于行

政诉讼的受案范围。在订立征收补偿协议行为已经被依法提起行政诉讼，协议内容已为生效判决确认合法有效的情形下，行政机关应当按照生效判决确认有效的征收补偿协议内容执行，不宜再就同一征收事项又作出征收补偿决定。行政机关为履行协议，按照征收补偿协议内容再次作出的“征收补偿决定”，可以视为催告履行通知行为，是对征收补偿协议事项的重复处理，未对被征收人的权利义务产生实际影响。对被征收人权利义务产生实质影响的，仍然是征收补偿协议。为此，针对“征收补偿决定”提起的行政诉讼，实质是对订立征收补偿协议行为提起的诉讼，受生效判决羁束。

意见阐释

一、集体土地上房屋征收补偿的模式及程序

关于集体土地征收的相关法律规定主要有《土地管理法》《土地管理法实施条例》《征收土地公告办法》等，其中，《土地管理法》规定了集体土地征收的批准权，以及县级以上人民政府公告及组织实施权，2014 年修订的《土地管理法实施条例》规定了对征收土地方案应当依法公告，对补偿标准有异议的，通过裁决途径解决。原国土资源部的规章《征收土地公告办法》对征收土地公告和征地补偿、安置方案公告作了具体规定。但关于集体土地征收补偿安置的具体程序，并没有统一的规定。通常各地制定自己的相关规定和政策。

一般而言，集体土地征收人与被征收人通过达成补偿安置协议的方式解决补偿安置问题。若无法达成协议，则由市、县级

人民政府或土地管理部门作出处理决定或作出补偿安置决定[①]，当事人对生效处理决定或补偿安置决定不履行的，由市、县级人民政府或国土部门责令被征收人限期交出土地，并申请法院强制执行，对集体土地上的房屋一并实施强制行为。对于作出补偿安置决定不服的，由于该决定对具体的补偿安置数额有明确的规定，可以根据《行政强制法》的规定通过强制执行程序履行生效行政决定。对于责令交出土地决定不服的，则需要有所区分，如果没有作出补偿安置决定，仅仅以责令交出土地决定作为生效的行政行为并申请强制执行，则责令交出土地决定应当包括具体的补偿安置方式、金额等项目。

实践中，存在一些地区参照《国有土地上房屋征收与补偿条例》的程序进行征收安置，从程序保障方面看，若单纯以该程序进行征收安置，是有利于保障被征收人的合法权益的，但一些地方存在未批先征的情况，对于尚未征收为国有的土地上的房屋直

---

① 如《邵阳市集体土地上房屋征收与补偿安置办法》第十二条规定，征用土地方案公告并支付征地补偿费后，被征收拆迁人应当在规定的期限内搬迁腾地。拒不腾地的，由市、县（市）人民政府国土资源行政主管部门依法责令限期交出土地；逾期不执行的，申请人民法院强制执行。在规定期限内未领取的房屋征收补偿款项，应当以被征收拆迁人的名义专户储存。第十三条规定，被征收拆迁人不能与征收人达成征收房屋补偿安置协议的，征收单位可以申请国土资源行政主管部门进行调解，调解不成的，由国土资源行政主管部门依法作出处理决定。《合肥市集体土地上房屋征收与补偿暂行办法》第十八条规定，征收房屋实施单位与被征收人在签约期限内达不成补偿安置协议的，由征收房屋实施单位报请区人民政府按照征收补偿安置方案作出补偿安置决定。补偿安置决定应当在房屋征收范围内予以公告。第十九条规定，被征收人对补偿安置决定不服的，可以依法申请行政复议，也可以依法提起行政诉讼。被征收人在法定期限内不申请行政复议或者不提起行政诉讼，且在补偿安置决定规定期限内又不搬迁的，由作出房屋征收决定的区人民政府依法申请人民法院强制执行。强制执行申请书应当附具补偿金额、专户存储账号、安置房屋或者周转用房的地点和面积等材料。

接按照国有土地上的房屋进行征收补偿，实际上是违反法律规定的。按照《土地管理法》相关规定，集体土地涉及土地性质的变更问题，依法应当由省级以上人民政府经批准征收后，才能发布相应的公告开展征收工作。2019 年修正的《土地管理法》还进一步完善了相关程序保障，如应当将征收范围、土地现状、征收目的、补偿标准、安置方式和社会保障等在拟征收所在地的乡镇和村、村民小组范围内公告至少三十日，听取被征地的农村集体经济组织及其成员、村民委员会和其他利害关系人的意见；并明确了听证制度。对于农村住宅，明确了先补偿后搬迁、居住条件有改善的原则。2021 年修订的《土地管理法实施条例》更是进一步明确了先达成征收补偿安置协议再进行征收的流程，第三十一条规定了对于个别未达成征地补偿安置协议的应当作出征地补偿安置决定。

二、集体土地上房屋征收补偿安置协议与房屋征收补偿决定的关系

补偿安置协议系被征收人与征收人达成一致意见后签订的，具有合意性，系双方为实现征收补偿安置达成的协议，而房屋征收补偿决定系双方不能达成协议的情况下，由征收人根据征收补偿安置方案及相关法律规定作出的单方行政行为，但这两者都是具有法律效力的，通常情况下不会也不应该同时存在。

（一）集体土地上房屋征收补偿安置协议的签订主体及责任主体

实践中，签订协议的征收人一方有县级以上人民政府、土地行政主管部门、乡镇人民政府、街道办事处、项目指挥部、村民委员会、征地事务机构等多种，签订的协议的性质也有一定的争议，特别是涉及村委会签订的协议，是村民自治达成的民事合同还是行政协议，有一定的争议。因签订的协议性质不同，后续涉

及的具体处理程序也不尽相同。但是，基于集体土地上房屋征收的目的看，征收涉及土地性质从集体变更为国有，土地征收行为系行政行为，补偿安置的主体应当是市、县人民政府或者其土地行政主管部门[①]。据此，签订补偿安置协议的主体也应当是市、县人民政府、土地主管部门以及其他相关部门。对于县级以上人民政府以地方规章、规范性文件或者征地公告方案等方式明确乡镇人民政府、街道办等下属行政主体作为征收补偿实施单位，与被征收人签订征收补偿安置协议的，人民法院原则上应当将县级以上人民政府依法指定的行政主体认定为合法的征收补偿协议签订主体。对于集体土地征收过程中，村委会、居委会等群众自治组织与被征收人签订征收补偿安置协议的，视为接受市、县人民政府指定的土地征收实施主体委托从事具体补偿安置事宜。

（二）签订协议后不依法履行协议的处理

被征收人在签订补偿安置协议后拒不履行协议约定的搬迁义务，也不领取补偿款，导致协议无法履行，由于行政机关不能成为行政诉讼的原告，其无法通过行政诉讼的方式要求履行协议，通常情况下通过非诉执行程序解决协议的履行问题。2019年

---

① 实践中，关于市、县人民政府土地行政主管部门是否具有补偿安置义务有一定争议。2019年修正的《土地管理法》第四十七条第四款规定："……县级以上地方人民政府应当组织有关部门测算并落实有关费用，保证足额到位，与拟征收土地的所有权人、使用权人就补偿、安置等签订协议……"2021年修订的《土地管理法实施条例》第三十一条规定："征收土地申请经依法批准后，县级以上地方人民政府应当自收到批准文件之日起十五个工作日内在拟征收土地所在的乡（镇）和村、村民小组范围内发布征收土地公告，公布征收范围、征收时间等具体工作安排，对个别未达成征地补偿安置协议的应当作出征地补偿安置决定，并依法组织实施。"根据上述规定，法律、法规对订立征收补偿协议的主体并未作出明确的限定。县级以上政府土地管理部门是主要的实施主体，但是，同时法律也规定，政府应当组织"有关部门"与被征收人签订征收补偿协议。

颁布的《行政协议规定》第二十四条规定："公民、法人或者其他组织未按照行政协议约定履行义务，经催告后不履行，行政机关可以作出要求其履行协议的书面决定，公民、法人或者其他组织收到书面决定后在法定期限内未申请行政复议或者提起行政诉讼，且仍不履行，协议内容具有可执行性的，行政机关可以向人民法院申请强制执行。法律、行政法规规定行政机关对行政协议享有监督协议履行的职权，公民、法人或者其他组织未按照约定履行义务，经催告后不履行，行政机关可以依法作出处理决定，公民、法人或者其他组织在收到该处理决定后在法定期限内未申请行政复议或者提起行政诉讼，且仍不履行，协议内容具有可执行性的，行政机关可以向人民法院申请强制执行。"该司法解释明确了相对人不履行行政协议，行政机关强制执行的模式，即行政机关作出要求履行协议的书面决定或处理决定，当事人针对该决定具有诉讼和复议的权利，待决定生效后，方申请强制执行。从司法解释规定看，对于行政协议的履行问题，涉及转化为行政决定的情况。集体土地补偿安置协议作为行政协议的一种，同样涉及此类问题，即协议本身不具有可执行性，仍然需要由行政机关作出书面决定，才能进入强制执行程序。但是这里的书面决定又不同于没有签订协议情况下的征收补偿决定，因为协议合法有效，该书面决定只是对协议履行的进一步确认，并不是重新作出征收补偿决定。

三、本案房屋征收补偿决定的性质及效力

在征收人与被征收人签订了补偿安置协议，且补偿安置协议依法已经生效的情况下，如果征收人再次作出征收补偿决定，该征收补偿决定的性质及效力问题，存在争议，有观点认为系重复处理行为，亦有观点认为修改补偿决定对权利义务不产生实际影响，因此不具有可诉性。

（一）是否属于重复处理行为

关于房屋征收补偿决定是否构成对补偿安置协议重复处理行为的认定。行政重复处理行为渊源于德国行政法上的“重复处置”概念，我国台湾地区也有相关规定。《行政诉讼法》第一条第二款第四项中明确了，驳回当事人对行政行为提起申诉的重复处理行为，不属于人民法院行政诉讼的受案范围。其一，对于重复处理行为的启动系依据当事人的申请。通常系行政相对人基于一个已经具有确定力的行政行为的申诉，请求行政机关重新处理，行政机关基于法的安定性，不得随意撤销或变更该行政行为。“受行政行为公定力和不可争力的影响，国内外学界比较一致地认为重复处理行为是依申请行为。”[①] 虽然一些国家和地区允许行政机关撤销或者变更其作出的行政行为，但是往往是基于自行纠错行为，如《德国行政程序法》第 48 条、第 49 条规定，“违法的行政行为，即使已经成为不可撤销的，可以对未来或者溯及既往地在效力上全部或部分地撤回”，“对非授益的合法行政行为，即使成为不可撤销的，可以在其效力上面向将来全部或部分地予以废止”。故纠错行为不属于重复处理行为，因为纠错行为必定是改变或部分改变了原来的行政行为。其二，重复处理行为并未创设新的权利义务，不产生新的行政法律关系。当事人对已经生效的行政行为进行申诉、信访，行政机关告知其原行政行为合法或者不予处理，当事人希望通过各种途径重新获得诉权，这有悖于行政诉讼关于起诉期限的规定，也不利于行政行为的确定力。本案集体土地上房屋征收拆迁基于征收人与被征收人双方合意签订的补偿安置协议，是具有确定力的行政行为，故在该行政行为作出之后，若是基于当事人的申请，要求行政机关撤销该协议，行政机关针对其申请不予处理或者作出告知，该行为方属

---

① 黄学贤、廖振权：《行政重复处理行为探究》，载《行政法学研究》2008 年第 4 期。

于重复处理行为。

而在行政相对人与行政机关签订补偿安置协议效力待定的情况下，若行政机关重新作出房屋征收补偿决定，则是否定了之前行政协议的效力，该行为属于新的行政行为，依法应当属于行政诉讼受案范围。在行政机关自行否定行政协议效力的情况下，即便是行政协议的内容与房屋征收补偿决定的内容一致，亦不能同时具有法律效力，针对同一补偿安置问题对外产生法律效力的行政行为应当具有唯一性。由于行政相对人对补偿安置协议的效力有异议，提起了行政诉讼，法院生效判决确认了协议的效力，则协议属于生效的行政行为，房屋征收补偿决定不是补偿安置方面的生效行政行为。基于上述理由，虽然从内容上看，房屋征收补偿决定并不与补偿安置协议相冲突，但是房屋征收补偿决定无存在的必要。

（二）是否属于对权利义务不产生实际影响的行为

1. 对权利义务产生实际影响的认定因素

行政行为具有可诉性，系因为其对行政相对人的权利义务产生实际影响，《行政诉讼法》排除受案范围条款中的“对权利义务不产生实际影响”的规定，亦是从权利义务关系的角度出发作出的规定。江必新指出，可诉行政行为必须具备如下特征：“可诉行政行为必须是拥有行政管理职权的机关、组织和个人所实施的行为，可诉行政行为必须是与行使行政职权有关的行为，行政行为必须是对公民、法人及其他组织权利义务产生实际影响的行为。”[①]“这里的实际影响是从正常的法律关系而言的，如果这个行为作出以后不履行就可能进入强制执行的过程，按照正常的法律秩序就必然会对权利义务产生影响。对权利义务产生实际影响有以下几种情况：一是行为作出以后已经完全执行了；二是基础

① 江必新：《中国行政诉讼制度之发展——行政诉讼司法解释解读》，金城出版社 2001 年版，第 28~29 页。

性行为与执行性行为合二为一，比如紧急情况下的强制措施；三是行为作出以后还没有执行，但是这个行为已经成立，对当事人已经产生了约束力；四是具有侵害性的事实行为，如打人、损坏财物等事实行为，这些行为一实施，损害结果就相继出现。”[①] 补偿安置协议作出之后，该行政行为已经对双方当事人产生了约束力，行政机关享有行政优益权，在特定的情况下可以作出变更、解除协议的行政行为，若行政机关认为该协议继续履行将对公共利益产生重大影响，则可以行使优益权，变更、解除协议，但仍然要给予行政相对人补偿。也就是说，在有生效的行政协议的情况下，行政机关不能再次作出征收补偿决定，其再次作出的征收补偿决定亦不属于对当事人权利义务不产生实际影响的行为。

2. 为履行行政协议作出的行政决定的可诉性

若征收补偿决定被定性为为履行行政协议作出的行政决定，即使是为了执行行政协议，根据协议的约定将内容以及履行的情况作出进一步具体化的行政决定，如补偿安置协议约定了补偿安置的方式、金额，搬迁的期限，但行政相对人不履行搬迁义务，则行政机关根据《行政强制法》的规定，应当经过催告后作出书面决定，该书面决定明确告知搬迁的期限以及不履行搬迁义务的法律后果，该决定亦是对行政相对人权利义务产生实际影响的行政行为，具有可诉性。《行政协议规定》第二十四条规定明确了相对人不履行行政协议，行政机关强制执行的模式，即行政机关作出要求履行协议的书面决定或处理决定，当事人针对该决定具有诉讼和复议的权利，待决定生效后，方申请强制执行。本案发生在《行政协议规定》生效前，但原理与《行政协议规定》中的规定一致。

若征收补偿决定超出了补偿安置协议的内容，并且对被征收

---

① 江必新：《中国行政诉讼制度之发展——行政诉讼司法解释解读》，金城出版社2001年版，第149页。

人设定了新的权利义务或施加了不利影响，则房屋征收补偿决定依法也具有可诉性，若补偿安置协议的效力已经生效判决确认合法有效，征收补偿决定则不具有合法性，依法应当予以撤销。

3. 房屋征收补偿协议依法具有可诉性

根据《行政诉讼法》第十二条第一款第五项之规定，人民法院受理公民、法人或者其他组织提起对征收、征用决定及其补偿决定不服的诉讼。通常情况下，补偿决定是对当事人权利义务产生直接实际影响的行政行为，属于行政诉讼受案范围。如《国有土地房屋征收与补偿条例》中明确了国有土地上的房屋征收补偿相关程序，在征收人与被征收人无法达成补偿安置协议的情况下，征收人作出的房屋征收补偿决定是对被征收人权利义务产生实际影响的行政决定，属于法定的可复议、诉讼的行政行为。本案行政行为发生时，在集体土地征收案件中，并无关于征收补偿决定的具体规定，本案房屋征收补偿决定作出时有效的《土地管理法》及《土地管理法实施条例》对补偿安置协议签订后不履行义务的没有明确规定具体处理程序，是否要重新作出行政决定亦没有明确规定。2019 年修正的《土地管理法》和 2021 年修订的《土地管理法实施条例》完善了集体土地征收补偿制度，也明确了集体土地上房屋可以作出征收补偿决定。但无论是国有土地上的房屋征收补偿决定抑或是集体土地上的房屋征收补偿决定，都对被征收人设定了权利义务，明确了补偿安置的具体数额、搬迁的期限等，系对当事人的权利义务产生实际影响的行政行为，依法属于行政诉讼的受案范围。

法律法规链接

1.《中华人民共和国行政诉讼法》（2017 年 6 月 27 日第二次修正）

第十二条 人民法院受理公民、法人或者其他组织提起的下列诉讼：

（一）对行政拘留、暂扣或者吊销许可证和执照、责令停产停业、没收违法所得、没收非法财物、罚款、警告等行政处罚不服的；

（二）对限制人身自由或者对财产的查封、扣押、冻结等行政强制措施和行政强制执行不服的；

（三）申请行政许可，行政机关拒绝或者在法定期限内不予答复，或者对行政机关作出的有关行政许可的其他决定不服的；

（四）对行政机关作出的关于确认土地、矿藏、水流、森林、山岭、草原、荒地、滩涂、海域等自然资源的所有权或者使用权的决定不服的；

（五）对征收、征用决定及其补偿决定不服的；

（六）申请行政机关履行保护人身权、财产权等合法权益的法定职责，行政机关拒绝履行或者不予答复的；

（七）认为行政机关侵犯其经营自主权或者农村土地承包经营权、农村土地经营权的；

（八）认为行政机关滥用行政权力排除或者限制竞争的；

（九）认为行政机关违法集资、摊派费用或者违法要求履行其他义务的；

（十）认为行政机关没有依法支付抚恤金、最低生活保障待遇或者社会保险待遇的；

（十一）认为行政机关不依法履行、未按照约定履行或者违法变更、解除政府特许经营协议、土地房屋征收补偿协议等协议的；

（十二）认为行政机关侵犯其他人身权、财产权等合法权益的。

除前款规定外，人民法院受理法律、法规规定可以提起诉讼的其他行政案件。

2.《中华人民共和国土地管理法》（2004 年 8 月 28 日第二次修正）

第四十六条 国家征收土地的，依照法定程序批准后，由县级以上地方人民政府予以公告并组织实施。

被征收土地的所有权人、使用权人应当在公告规定期限内，持土地权属证书到当地人民政府土地行政主管部门办理征地补偿登记。

第四十七条 征收土地的，按照被征收土地的原用途给予补偿。

征收耕地的补偿费用包括土地补偿费、安置补助费以及地上附着物和青苗的补偿费。征收耕地的土地补偿费，为该耕地被征收前三年平均年产值的六至十倍。征收耕地的安置补助费，按照需要安置的农业人口数计算。需要安置的农业人口数，按照被征收的耕地数量除以征地前被征收单位平均每人占有耕地的数量计算。每一个需要安置的农业人口的安置补助费标准，为该耕地被征收前三年平均年产值的四至六倍。但是，每公顷被征收耕地的安置补助费，最高不得超过被征收前三年平均年产值的十五倍。

征收其他土地的土地补偿费和安置补助费标准，由省、自治区、直辖市参照征收耕地的土地补偿费和安置补助费的标准规定。

被征收土地上的附着物和青苗的补偿标准，由省、自治区、直辖市规定。

征收城市郊区的菜地，用地单位应当按照国家有关规定缴纳新菜地开发建设基金。

依照本条第二款的规定支付土地补偿费和安置补助费，尚不能使需要安置的农民保持原有生活水平的，经省、自治区、直辖市人民政府批准，可以增加安置补助费。但是，土地补偿费和安置补助费的总和不得超过土地被征收前三年平均年产值的三十倍。

国务院根据社会、经济发展水平，在特殊情况下，可以提高征收耕地的土地补偿费和安置补助费的标准。

第四十八条 征地补偿安置方案确定后，有关地方人民政府应当公告，并听取被征地的农村集体经济组织和农民的意见。

3.《中华人民共和国土地管理法实施条例》（2014 年 7 月 29 日第二次修订）

第二十五条 征收土地方案经依法批准后，由被征收土地所在地的市、县人民政府组织实施，并将批准征地机关、批准文号、征收土地的用途、范围、面积以及征地补偿标准、农业人员安置办法和办理征地补偿的期限等，在被征收土地所在地的乡（镇）、村予以公告。

被征收土地的所有权人、使用权人应当在公告规定的期限内，持土地权属证书到公告指定的人民政府土地行政主管部门办理征地补偿登记。

市、县人民政府土地行政主管部门根据经批准的征收土地方案，会同有关部门拟订征地补偿、安置方案，在被征收土地所在地的乡（镇）、村予以公告，听取被征收土地的农村集体经济组织和农民的意见。征地补偿、安置方案报市、县人民政府批准后，由市、县人民政府土地行政主管部门组织实施。对补偿标准有争议的，由县级以上地方人民政府协调；协调不成的，由批准征收土地的人民政府裁决。征地补偿、安置争议不影响征收土地方案的实施。

征收土地的各项费用应当自征地补偿、安置方案批准之日起3个月内全额支付。

第二十六条 土地补偿费归农村集体经济组织所有；地上附着物及青苗补偿费归地上附着物及青苗的所有者所有。

征收土地的安置补助费必须专款专用，不得挪作他用。需要安置的人员由农村集体经济组织安置的，安置补助费支付给农村集体经济组织，由农村集体经济组织管理和使用；由其他单位安置的，安置补助费支付给安置单位；不需要统一安置的，安置补助费发放给被安置人员个人或者征得被安置人员同意后用于支付被安置人员的保险费用。

市、县和乡（镇）人民政府应当加强对安置补助费使用情况的监督。

4.《中华人民共和国土地管理法实施条例》（2021年7月2日第三次修订）

第二十九条 县级以上地方人民政府根据法律、法规规定和听证会等情况确定征地补偿安置方案后，应当组织有关部门与拟征收土地的所有权人、使用权人签订征地补偿安置协议。征地补偿安置协议示范文本由省、自治区、直辖市人民政府制定。

对个别确实难以达成征地补偿安置协议的，县级以上地方人民政府应当在申请征收土地时如实说明。

第三十条 县级以上地方人民政府完成本条例规定的征地前期工作后，方可提出征收土地申请，依照《土地管理法》第四十六条的规定报有批准权的人民政府批准。

有批准权的人民政府应当对征收土地的必要性、合理性、是否符合《土地管理法》第四十五条规定的为了公共利益确需征收土地的情形以及是否符合法定程序进行审查。

第三十一条 征收土地申请经依法批准后，县级以上地方人民政府民政府应当自收到批准文件之日起十五个工作日内在拟征收土地所在的乡（镇）和村、村民小组范围内发布征收土地公告，公布征收范围、征收时间等具体工作安排，对个别未达成征地补偿安置协议的应当作出征地补偿安置决定，并依法组织实施。

5.《最高人民法院关于适用〈中华人民共和国行政诉讼法〉的解释》（2018年2月6日）

第一条 公民、法人或者其他组织对行政机关及其工作人员的行政行为不服，依法提起诉讼的，属于人民法院行政诉讼的受案范围。

下列行为不属于人民法院行政诉讼的受案范围：

（一）公安、国家安全等机关依照刑事诉讼法的明确授权实施的行为；

（二）调解行为以及法律规定的仲裁行为；

（三）行政指导行为；

（四）驳回当事人对行政行为提起申诉的重复处理行为；

（五）行政机关作出的不产生外部法律效力的行为；

（六）行政机关为作出行政行为而实施的准备、论证、研究、层报、咨询等过程性行为；

（七）行政机关根据人民法院的生效裁判、协助执行通知书作出的执行行为，但行政机关扩大执行范围或者采取违法方式实施的除外；

（八）上级行政机关基于内部层级监督关系对下级行政机关作出的听取报告、执法检查、督促履责等行为；

（九）行政机关针对信访事项作出的登记、受理、交办、转送、复查、复核意见等行为；

（十）对公民、法人或者其他组织权利义务不产生实际影响的行为。

类案检索报告

一、检索工具：法信平台——类案检索。

二、关键词：集体土地、征收补偿决定、补偿安置协议；筛选条件：法院层级——最高人民法院。

三、检索结果：检索关键词“集体土地、征收补偿决定、补偿安置协议”，共检索出380件行政案件，选取出其中4件与本案情形类似的案件。

四、类案文书：

序号	案件名称	案由	案号
1	夏某浩、郑某新诉大石桥市人民政府行政征收案	房屋征收补偿	(2015)行监字第1272号
2	赵某祥、曹某辉诉桓仁满族自治县人民政府行政征收案	房屋征收补偿	(2015)行监字第612号
3	孟某诉山西省太谷县人民政府行政征收案	房屋征收补偿	(2016)最高法行申1863号
4	朱某江、廖某莲诉西吉县人民政府、西吉县城乡建设和环境保护局行政征收及赔偿案	行政征收及赔偿	(2017)最高法行申8519号

（撰写人：李德申、牛延佳）

3. 行政机关不履行协助执行义务的可诉性分析

案情摘要

甲公司的执行拍卖过程中依法竞得乙公司51%股权，之后人民法院作出执行裁定书并向A工商局发出协助执行通知书，要求协助执行该股权的解除冻结并变更登记事宜。A工商局签收法院文书，但以股权变更工作需由被执行方主动提出为由拖延办理，甲公司就此多次与A工商局沟通，并致函人民法院请求督促执行工作。之后，B工商局联系甲公司，告知A工商局将权力下放，已将该股权转让的协助执行工作移交B工商局办理，并要求提供相关材料予以确认。甲公司按照要求提供相关材料，后B工商局称其并非人民法院协助执行通知的主体。甲公司起诉，请求确认A工商局不履行协助执行义务的行为违法。

法律问题

行政机关不履行协助执行义务的行为，是否属于行政诉讼的受案范围？

不同观点

甲说：行政机关不履行协助执行义务的行为，属于行政诉讼受案范围

行政机关作为协助执行义务人，不履行协助执行义务的，构成行政不作为，当事人通过行政诉讼途径解决确认不作为行为违法和行政赔偿问题，属于行政诉讼的受案范围。

乙说：行政机关不履行协助执行义务的行为，不属于行政诉讼受案范围

对于协助执行义务人不履行协助执行义务的行为，《民事诉讼法》已经作出明确规定，执行的人民法院应当根据相关规定作出决定，督促作为协助执行单位的行政机关履行义务，而不是由当事人另行提起诉讼。

丙说：行政机关不履行协助执行义务的行为，是否属于行政诉讼受案范围，需要区分情况予以认定

原则上，该类行为不属于行政诉讼受案范围，应当通过执行程序督促执行。但在特定情形下，如行政机关不履行协助执行义务已经造成合法权益受损，且通过执行程序不能完全救济受损合法权益的，当事人提出特定的诉讼请求，如确认不履行协助执行义务违法并予以赔偿等，则可能属于行政诉讼受案范围。

法官会议意见

采丙说

当事人起诉请求人民法院确认不履行协助执行义务行为违法并予以行政赔偿，其前提应当是行政机关存在不履行协助执行义务的行为，且以后也不存在履行协助执行义

务的可能，或者当事人能提出充分证据证明行政机关未予协助执行对其已经造成实际损害或者该实际损害的范围和数额已经固定；如果行政机关还存在协助执行义务的可能，且当事人不能提交充分证据证明行政机关未予协助执行对其造成实际损害或者该实际损害的范围和数额已经固定，则当事人仅能申请人民法院依法采取执行措施督促其履行，人民法院对其起诉不予受理。

意见阐释

本案是一起由于行政机关不履行协助执行义务而引起的行政诉讼。本案值得探讨的问题在于，行政机关不履行协助执行义务的行为在何种情形下应当纳入行政诉讼的受案范围。

一、协助执行行为是否属于行政诉讼受案范围

在回答不履行协助执行义务的行为是否属于行政诉讼受案范围这个问题之前，有必要一并梳理一下协助执行行为是否属于行政诉讼受案范围的相关问题。对于该问题，需注意以下几个方面的问题。

其一，行政机关的协助执行行为是否为司法行为的延伸。所谓协助执行，是指人民法院以外的有关单位和个人，按照人民法院的通知，协助完成执行事宜。因此，一般认为，行政机关协助执行的行为是否具有可诉性的基本标准是行政机关是否创设、变更或者消灭了行政法律关系，如回答是肯定的，则该行为属于可诉的行政行为；如果行政机关作出的行为属于执行司法机关已经生效的司法裁判或者司法命令，该行为属于司法权的延伸，不具

有可诉性。[①]

其二，行政机关是否要对人民法院协助执行通知进行审查。对于该问题，曾存在一定争议。一种意见认为，行政机关不能审查人民法院的协助执行通知书。理由是如果行政机关能够审查协助执行通知书，则意味着行政机关可能拒绝协助执行，这与协助执行的宗旨不相符。另一种意见认为，行政机关可以审查协助执行通知书。理由是司法机关不能替代行政机关行使职权，如果行政机关不审查协助执行通知书，可能会引起不良后果，引起行政赔偿。

如前文所述，协助执行行为属于司法行为的延伸，因此，笔者认为，在一般情况下，行政机关不能对生效的裁判进行审查。例如，2004 年 2 月 10 日，最高人民法院、国土资源部、建设部联合发布《关于依法规范人民法院执行和国土资源房地产管理部门协助执行若干问题的通知》(法发〔2004〕5 号）对于涉及行政机关协助执行义务和是否实体审查的问题，明确以下内容：第一，人民法院在办理案件时，需要国土资源、房地产管理部门协助执行的，国土资源、房地产管理部门应当按照人民法院的生效判决文书和协助执行通知书办理协助执行事项。第二，人民法院对土地使用权、房屋实施查封或者进行实体处理前，应当向国土资源、房地产管理部门查询该土地、房屋的权属。第三，国土资源、房地产管理部门在协助人民法院执行土地使用权、房屋时，不对生效法律文书和协助执行通知书进行实体审查。国土资源、房地产管理部门认为人民法院查封、预查封或者处理的土地、房屋权属错误的，可以向人民法院提出审查建议，但不应当停止办理协助执行事项。第四，在执行人民法院确认土地、房屋权属的生效法律文书时，应当按照人民法院生效法律文书所确认的权利

① 参见梁凤云:《行政诉讼法司法解释讲义》，人民法院出版社 2018 年版，第 17 页。

人办理土地、房屋权属变更、转移手续。这一通知的核心在于明确行政机关对于协助执行事项有必须办理的义务，且不对人民法院的生效法律文书和协助执行通知书等进行实体审查，但可以向人民法院提出审查建议。

其三，协助执行错误的赔偿责任。如前所述，认为行政机关应当对协助执行通知进行审查的其中一个很重要的理由即如果协助执行错误，由谁来承担责任的问题。2012 年修正的《国家赔偿法》第三十八条规定："人民法院在民事诉讼、行政诉讼过程中，违法采取对妨害诉讼的强制措施、保全措施或者对判决、裁定及其他生效法律文书执行错误，造成损害的，赔偿请求人要求赔偿的程序，适用本法刑事赔偿程序的规定。"据此，人民法院的协助执行通知书一般依据相应的生效法律文书作出，如果行政机关依据协助执行通知作出的行为造成了当事人的损害，不应当追究行政机关的责任，而应当依法由人民法院承担相应的赔偿责任。

据此，2004 年 7 月 6 日，最高人民法院作出《关于行政机关根据法院的协助执行通知书实施的行政行为是否属于人民法院行政诉讼受案范围的批复》（法释〔2004〕6 号）规定，行政机关根据人民法院的协助执行通知书实施的行为，是行政机关必须履行的法定协助义务，不属于人民法院行政诉讼受案范围。但如果当事人认为行政机关在协助执行时扩大了范围或违法采取措施造成其损害，提起行政诉讼的，人民法院应当受理。2018 年《最高人民法院关于适用〈中华人民共和国行政诉讼法〉的解释》（以下简称《行政诉讼法司法解释》）第一条第二款第七项对该问题再次予以了明确。

二、不履行协助执行行为是否属于行政诉讼受案范围

对于不履行协助执行行为是否属于行政诉讼受案范围，一直存在争议。一种观点认为，不履行协助执行行为不属于行政诉讼

受案范围。理由为：行政机关作为协助执行义务人，必须服从人民法院的指令、接受人民法院监督。如果行政机关拒绝按照人民法院的协助执行通知和生效裁判执行的，人民法院应当依照 2017 年修正的《民事诉讼法》第一百一十四条以及第一百一十五条规定，除责令其履行协助义务外，并可处以 5 万元以上 100 万元以下罚款，同时可以对其主要负责人或者直接责任人员予以 10 万元以下罚款；对仍不履行协助义务的，可以处以 15 日以下的拘留；并可以向监察机关或者有关机关提出予以纪律处分的司法建议。而不是通过另一个诉讼来解决相关单位不履行法院执行程序中的协助执行义务问题。这样做会产生如下结果：一是增加当事人的诉累；二是严重损害到了人民法院的司法权威；三是对于行为的履行而言，如果行政机关不履行作为义务，即便通过行政判决，同样还是要求行政机关限期履行，法院不能替代行政机关作出转移登记等行为，行政机关仍不履行人民法院行政判决，依然无法彻底解决不作为问题，反而是形成循环诉讼，浪费司法资源。

另一种观点认为，如果当事人认为行政机关在协助执行时不履行或者违法履行协助执行义务造成其人身或者财产损害提起行政诉讼的，人民法院应当受理。理由为：其一，行政机关拒不履行协助执行义务，以及未按照人民法院协助执行通知要求履行协助执行义务，都是行政机关的自主行为，属于行政行为范畴，而非受人民法院指令实施的司法协助行为，因此，当事人可以对该类行为提起行政诉讼。其二，《最高人民法院关于行政机关根据法院的协助执行通知书实施的行政行为是否属于人民法院行政诉讼受案范围的批复》（法释〔2004〕6 号）并未规定不履行协助执行行为不属于行政诉讼受案范围。批复排除可诉的仅仅是行政机关按照人民法院执行通知书实施的行为，明确因人为协助执行行为扩大了范围或违法采取措施造成当事人损害的可诉，而对于行政机关不履行协助执行义务以及当事人认为行政机关在协助执行时缩小范围造成当事人损害等情况是否可诉，未作明确规定。其三，人民法院执行工作实践中，对于协助执行未依法履行义务造成当事人损害的如何救济，法院执行部门内部也存在两种不同认识：一种意见认为，应当由法院执行部门依法作出裁定，直接要求协助执行义务人赔偿损失；另一种意见认为，应当让当事人就此另行提起诉讼予以解决。

针对上述争议，2013 年 7 月 29 日，最高人民法院作出《关于行政机关不履行人民法院协助执行义务行为是否属于行政诉讼受案范围的答复》(〔2012〕行他字第 17 号)，内容为："行政机关根据人民法院的协助执行通知书实施的行为，是行政机关必须履行的法定协助义务，公民、法人或者其他组织对该行为不服提起诉讼的，不属于人民法院行政诉讼受案范围。行政机关拒不履行协助义务的，人民法院应当依法采取执行措施督促其履行；当事人请求人民法院判决行政机关限期履行协助执行义务的，人民法院不予受理。但当事人认为行政机关不履行协助执行义务造成其损害，请求确认不履行协助执行义务行为违法并予以行政赔偿的，人民法院应当受理。"

三、不履行协助执行义务属于行政诉讼受案范围的条件

根据上述规定，只有行政机关依照法院协助执行通知书、执行裁定以及生效裁判作出的行为，才是完全履行司法裁判的行为，此时协助执行的机关不承担法律责任。但是，行政机关扩大执行范围或者采取违法方式实施，以及不履行协助执行义务造成当事人损失的，并非执行法院命令的结果，相关法律责任应当由行政机关承担。执行程序尚未终结，当事人就行政机关不履行协助执行义务的行为提起行政诉讼，请求人民法院判决行政机关履行法定职责的，人民法院不应受理，因为对于协助执行义务人不

履行协助执行义务的行为，《民事诉讼法》已经作出明确规定，执行的人民法院应当根据相关规定作出决定，督促作为协助执行单位的行政机关履行义务，而不是由当事人另行诉讼。行政机关作为协助执行义务人不履行协助执行义务时，构成行政不作为，当事人通过行政诉讼途径解决确认不作为行为违法和行政赔偿问题，属于行政诉讼的受案范围，人民法院应依法受理。但是理解上述规定时，还需要注意以下两个方面的问题。

其一，一般情况下，只有在行政机关不履行协助执行义务，且以后也不存在履行协助执行义务的可能时，当事人才有权请求人民法院确认不履行协助执行义务行为违法并予以行政赔偿。如果行政机关还存在协助执行义务的可能，则当事人仅能申请人民法院依法采取执行措施督促其履行，而不能提起行政诉讼。实践中有一种观点认为，应当以执行过程中和执行终结来区分行政机关不履行协助执行义务是否属于行政诉讼受案范围。对行政机关不履行协助执行义务的行为，当事人只有在执行终结后向人民法院提起请求确认不履行协助执行义务行为违法并予以行政赔偿，才有可能获得人民法院的支持，彻底解决争议。在执行过程中，当事人请求人民法院判决确认行政机关不履行法定职责行为违法并请求行政赔偿，人民法院不应受理。理由是：第一，执行中当事人仍然可以申请人民法院采取执行措施，督促行政机关履行法定的协助执行义务；第二，执行程序未终结，行政机关不履行协助执行义务的行为仍在持续状态，当事人请求判决确认违法解决不了行政机关应当履行义务的问题，判决没有实际意义；第三，不履行法定职责的侵权行为处于持续状态，当事人的损失数额难以确定，请求行政赔偿，人民法院难以下判。而在执行终结后，当事人请求人民法院判决行政机关履行协助执行法定职责的，人民法院应当受理，但是，裁判的实体处理只能是判决确认行政机关不履行协助执行义务的行为违法。理由是：第一，执行终结，不履行协助执行义务行为要么已经履行，要么已经没有履行必要，其行为已经成熟可诉；第二，在执行终结后，人民法院判决行政机关继续履行协助执行义务已经没有必要，只有通过判决确认不履行协助执行义务行为违法，才能最终解决当事人的行政赔偿诉求，实质性化解行政争议。

本案中，甲公司并无证据证明行政机关对案涉股权的过户存在无法继续协助执行的情形，甲公司完全可以循其他法定途径实现其对案涉股权享有的合法权益。此时提起行政诉讼请求“确认不履行协助执行义务违法”，理据不足。第一，2004年《最高人民法院关于人民法院民事执行中拍卖、变卖财产的规定》第二十九条第二款规定，不动产、有登记的特定动产或者其他财产权拍卖成交或者抵债后，该不动产、特定动产的所有权、其他财产权自拍卖成交或者抵债裁定送达买受人或者承受人时起转移。2020年修正的《最高人民法院关于适用〈中华人民共和国民事诉讼法〉的解释》第四百九十三条亦规定，拍卖成交或者依法定程序裁定以物抵债的，标的物所有权自拍卖成交裁定或者抵债裁定送达买受人或者接受抵债物的债权人时转移。根据上述规定，自人民法院作出相关民事裁定时起，案涉股权的所有权就已经转移至甲公司。第二，根据2017年修正的《民事诉讼法》第一百一十四条的规定，执行过程中行政机关拒不履行协助执行义务的，人民法院应当责令其履行协助义务，并可依法采取强制措施。甲公司如认为B工商局拒不履行协助执行义务，可向人民法院反映，并要求执行法院采取有效监督惩戒措施，敦促该局依法履行协助执行义务。第三，甲公司主张案涉股权已经被其他人民法院查封，无法变更登记。对于此问题，甲公司仍应向人民法院反映，要求执行法院协调解决，或者根据《民事诉讼法》及相关司法解释的规定寻求救济。综上所述，在B工商局并未以书面或其他方式明确拒绝履行案涉股权的协助执行义务的情况下，本案仍存在继续执行的可能性，此时甲公司提起行政诉讼不属于行政诉讼受案范围。

其二，特殊情况下，虽然协助执行存在继续执行的可能，但是当事人能提出充分证据证明行政机关未予协助执行对其已经造成实际损害或者该实际损害的范围和数额已经固定，此时当事人起诉行政机关未予协助执行行为，亦属于行政诉讼受案范围。因为《民事诉讼法》关于协助执行行为造成当事人损失如何赔偿没有明确的规定，当事人不履行或者不依法履行协助执行义务，不仅存在责令其履行的问题，还存在因不履行或者违法履行造成当事人损失如何赔偿的问题。不履行协助执行义务的，可以通过罚款、司法拘留督促其履行；而对因迟延履行给当事人造成的损失，却没有相应的法律根据解决。按照理想化的模式，由执行部门处理执行中的全部问题，解决不了当事人的全部诉求，尤其是赔偿问题，因此，给当事人一个诉讼救济途径更加符合目前我国的国情。在行政机关长期拒绝履行协助执行义务情况下，如果一律等到以后也不存在履行协助执行义务的可能时才允许当事人提起行政诉讼，不利于及时对当事人的权利进行救济。

法律法规链接

1.《中华人民共和国民事诉讼法》（2017 年 6 月 27 日第三次修正）

第一百一十四条　有义务协助调查、执行的单位有下列行为之一的，人民法院除责令其履行协助义务外，并可以予以罚款：

（一）有关单位拒绝或者妨碍人民法院调查取证的；

（二）有关单位接到人民法院协助执行通知书后，拒不协助查询、扣押、冻结、划拨、变价财产的；

（三）有关单位接到人民法院协助执行通知书后，拒不协助扣留被执行人的收入、办理有关财产权证照转移手续、转交有关票证、证照或者其他财产的；

（四）其他拒绝协助执行的。

人民法院对有前款规定的行为之一的单位，可以对其主要负责人或者直接责任人员予以罚款；对仍不履行协助义务的，可以予以拘留；并可以向监察机关或者有关机关提出予以纪律处分的司法建议。

第一百一十五条 对个人的罚款金额，为人民币十万元以下。对单位的罚款金额，为人民币五万元以上一百万元以下。

拘留的期限，为十五日以下。

被拘留的人，由人民法院交公安机关看管。在拘留期间，被拘留人承认并改正错误的，人民法院可以决定提前解除拘留。

2.《最高人民法院关于适用〈中华人民共和国行政诉讼法〉的解释》（2018年2月6日）

第一条 公民、法人或者其他组织对行政机关及其工作人员的行政行为不服，依法提起诉讼的，属于人民法院行政诉讼的受案范围。

下列行为不属于人民法院行政诉讼的受案范围：

（一）公安、国家安全等机关依照刑事诉讼法的明确授权实施的行为；

（二）调解行为以及法律规定的仲裁行为；

（三）行政指导行为；

（四）驳回当事人对行政行为提起申诉的重复处理行为；

（五）行政机关作出的不产生外部法律效力的行为；

（六）行政机关为作出行政行为而实施的准备、论证、研究、层报、咨询等过程性行为；

（七）行政机关根据人民法院的生效裁判、协助执行通知书作出的执行行为，但行政机关扩大执行范围或者采取违法方式实施的除外；

（八）上级行政机关基于内部层级监督关系对下级行政机关作出的听取报告、执法检查、督促履责等行为；

（九）行政机关针对信访事项作出的登记、受理、交办、转送、复查、复核意见等行为；

（十）对公民、法人或者其他组织权利义务不产生实际影响的行为。

类案检索报告

一、检索工具：法信平台——类案检索。

二、关键词：行政机关、不履行、协助执行义务；筛选条件：审理法院——最高人民法院。

三、检索结果：检索关键词“行政机关、不履行、协助执行义务”，检索出与本案相似度较高的案件共 2 件。

四、类案文书：

序号	案件名称	案由	案号
1	周某某诉杭州市临安区人民政府行政复议案	行政复议	（2018）最高法行申 5833 号
2	李某 1、李某 2 诉南昌市新建区人民政府、南昌市人民政府城建及行政复议案	城建行政复议	（2017）最高法行申 171 号

（撰写人：周觅）

4. 行政赔偿诉讼撤诉后再次提起同一行政赔偿诉讼的处理

案情摘要

区政府非法强拆某公司仓库，某公司对该强拆行为不服提起行政诉讼，该强拆行为被生效判决确认违法。某公司提起行政赔偿诉讼，一审法院将案件移交至另一人民法院审理。另一法院以某公司经两次合法传唤无正当理由拒不到庭视为申请撤诉为由作出行政裁定。之后，某公司通过快递方式向区政府提出赔偿请求，区政府签收该赔偿申请后，一直未就赔偿申请作出答复。某公司就同一强拆行为提起本案行政赔偿诉讼。

法律问题

当事人提起行政赔偿诉讼，被人民法院裁定按撤诉处理后，再就同一违法行政行为造成的损害提起行政赔偿诉讼的，是否属于重复起诉或者撤诉后无正当理由再行起诉等情形，人民法院应否裁定驳回起诉？

不同观点

甲说：属于重复起诉说

当事人提起行政赔偿诉讼之后撤回诉讼或者按撤诉处理的，再次提起行政赔偿之诉且无正当理由的，按照《行政诉讼法》的规定，应当裁定驳回起诉。

乙说：不属于重复起诉说

行政赔偿诉讼属于行政诉讼的一种，但有其特殊性，撤诉后再次提起赔偿诉讼的，因诉讼请求、合法权益损失扩大等可能发生改变，人民法院不宜以重复起诉等为由裁定驳回起诉。

法官会议意见

采乙说

行政赔偿诉讼中，人民法院裁定准予当事人撤诉或者按撤诉处理后，当事人再次向赔偿义务机关提出赔偿申请，逾期赔偿义务机关决定不予赔偿的，属于基于新的赔偿请求产生的新的诉讼请求，不构成重复起诉。

意见阐释

在行政诉讼中，人民法院裁定驳回起诉有三个相似而在选择适用时易引发争议的法定理由：重复起诉、诉讼标的受生效裁判所羁束、撤诉后无正当理由再次提起诉讼。本案在法律适用时，也存在类似争议，有必要对三个理由进行比较分析。

一、重复起诉

（一）基本特征

重复起诉作为可以裁定驳回的法定理由，早在2000年《最高人民法院关于执行〈中华人民共和国行政诉讼法〉若干问题的解释》（以下简称《执行解释》）即已作出规定，但对何为重复起诉并未作出明确界定。对于《行政诉讼法》及其司法解释没有作出明确规定的，适用民事诉讼的相应规定。在具体判断时，适用《最高人民法院关于适用〈中华人民共和国民事诉讼法〉的解释》第二百四十七条规定："当事人就已经提起诉讼的事项在诉讼过程中或者裁判生效后再次起诉，同时符合下列条件的，构成重复起诉：（一）后诉与前诉的当事人相同；（二）后诉与前诉的诉讼标的相同；（三）后诉与前诉的诉讼请求相同，或者后诉的诉讼请求实质上否定前诉裁判结果。"2018年《行政诉讼法司法解释》则对行政诉讼的重复起诉作出明确规定，第一百零六条规定："当事人就已经提起诉讼的事项在诉讼过程中或者裁判生效后再次起诉，同时具有下列情形的，构成重复起诉：（一）后诉与前诉的当事人相同；（二）后诉与前诉的诉讼标的相同；（三）后诉与前诉的诉讼请求相同，或者后诉的诉讼请求被前诉裁判所包含。"对比前述规定，《行政诉讼法司法解释》基本沿用民事诉讼的相关内容，而仅仅根据行政诉讼特征稍作调整或改变。

根据前述规定，重复起诉的前诉与后诉之间的关系具有以下特征：一是当事人完全相同。体现在两个方面：（1）诉讼主体相同。即原告与被告都是同一主体。第三人不同的，通常不影响重复起诉的认定。（2）诉讼地位相同。同一主体在前诉与后诉中均为同一诉讼地位。二是诉讼标的相同。即针对同一被诉行政行为，当事人之间的行政法律关系相同。三是前诉已囊括后诉的诉讼请求。前诉与后诉的诉讼请求在表述上可能并不相同，但实质诉求相同的，如当事人通过调整表述形式而使已经进入诉讼程序的同一争议再次提请司法审查，应当认定该诉讼请求符合重复起诉的条件。需要注意的是：第一，必须同时具备以上特征，否则不能认定后诉属于重复起诉。但除以上必备条件外，并未要求同时符合其他条件，如前诉是否生效、管辖法院是否一致等。前诉正在进行、尚未裁判，向人民法院再次提起诉讼的，亦属于重复起诉；有多个法院可以管辖的，尽管前诉与后诉因管辖法院不同而在形式上表现不同，但二者的行政争议以及解决路径等实质上相同。当事人已在一个有管辖权法院提起前诉后，在另一具有管辖权法院提起后诉的，仍可能属于重复起诉。第二，在判断时应当采取实质主义。无论当事人提起后诉时的诉讼请求以及诉讼标的是否与前诉相同，只要在诉讼中经过当事人调整或人民法院依职权进行调整后变为相同的，仍可能构成重复起诉。如在复议维持原行政行为的情形，当事人仅对原行政行为或复议决定提起诉讼的，人民法院应当告知原告追加被告，拒绝追加的，人民法院可以依职权追加，此时其诉讼请求及诉讼标的与当事人提起诉讼时发生改变。当事人仅就复议决定或原行政行为再提起诉讼的，尽管前诉与后诉在被告主体、诉讼标的等方面并不完全相同，但二者在追加被告之后实质等同，后诉仍可能构成重复起诉。

（二）容易引发争议的问题

1. 关于诉讼请求方面的条件

当事人提出的诉讼请求可分为不同类型：给付之诉、撤销之诉、确认之诉等。对于前诉与后诉属于不同类型或同一类型有不同裁判空间的，即使前诉与后诉均指向同一行政争议，也不宜以重复起诉为由裁定驳回起诉。以给付之诉如行政赔偿诉讼为例，诉讼请求较易发生改变，只要后诉的诉讼请求超出前诉范围，即可认定后诉与前诉不属于同一诉讼请求。本案即采纳了前述结论。

2. 前诉是否包含民事诉讼

原则上，民事诉讼与行政诉讼的诉讼标的不相同，前诉属于民事诉讼的，后诉通常不构成重复起诉，因而此类情形通常发生于当事人寻求的救济路径错误之时。但是，《行政诉讼法》确立行政协议诉讼制度，将行政协议争议由之前民事诉讼受理调整为行政诉讼受理，前述结论则发生相应变化。在符合重复起诉的三个要件时，人民法院可以重复起诉为由裁定驳回后诉。但存在例外情形，即前诉以不属于民事诉讼受案范围为由裁定驳回起诉的，后诉则不构成重复起诉。

3. 前诉的处理方式是否包含裁定

原则上，只要符合重复起诉的三个要件，后诉即可构成重复起诉。这三个要件中，并未要求前诉必须是生效判决。通常而言，前诉已经对诉讼标的进行实质审查，并对诉讼请求作出实质处理的，则无提起后诉之必要。前诉属于生效裁定的，当事人的起诉被裁定驳回的，通常后诉也能得出相同结论如前诉以超过起诉期限为由被裁定驳回的，当事人再次提起后诉，其仍属于超过起诉期限的情形。即前诉作出的裁定结论，后诉通常都难以作出改变的情形。但对于因当事人未能证明其符合法定起诉条件而被裁定驳回起诉，当事人提供有效证据证明其符合法定起诉条件，即有新的事实发生可以改变前诉结论的，则不能否定后诉提起的必要性。如前诉以原告未能证明其具有利害关系为由裁定驳回起诉的，在原告可以证明其具有利害关系时则可以依法提起后诉。因此，人民法院不能简单以前诉是否为裁定而作出后诉能否适用重复起诉的理由，而应当根据具体情形作出判断。

综上所述，重复起诉的实质为：前诉与后诉在各方面基本相同，仅需提起前诉即可达到诉讼目的，无须再次提起诉讼。若前诉未能达到其诉讼目的，应当通过审判监督程序改变前诉结果，而非再次提起相同诉讼。据此，行政赔偿诉讼撤诉后，诉讼请求等事项可能发生改变，再次提起的行政赔偿诉讼，不宜认定为重复起诉。

二、诉讼标的受生效裁判或调解书所羁束

（一）基本特征

《执行解释》第四十四条第一款第十项规定的裁定驳回起诉理由为“诉讼标的为生效判决的效力所羁束”，与《执行解释》相比，《行政诉讼法司法解释》对该项裁定驳回起诉的理由增加了“调解书”“裁定”内容，主要原因有：第一，2014年修正的《行政诉讼法》第六十条新增加了可以调解的行政案件，即行政赔偿、补偿以及行政机关行使法律、法规规定的自由裁量权的案件可以调解。行政调解书在司法实践中可能大幅增加，将其予以规定更有现实意义，也使该规定更为全面。第二，调解书与裁判文书尽管在处理方式等方面有所不同，但其对诉讼标的同样具有羁束力。如当事人已通过调解方式处理完毕行政争议，其再就同一行政争议提起行政诉讼的，则不宜再次受理。根据前述规定的字义理解，其应当具备以下特征：第一，前诉属于生效裁判或调解书；第二，前诉与后诉为同一诉讼标的；第三，前诉已对诉讼标的或当事人之间的争议作出实质处理。同时具备前述三个要件，通常表明当事人的行政争议已有实质定论，无须再次提请行政诉讼予以解决，且不能再次提起诉讼，反之具有出现两个相互冲突的生效裁判之风险。但对于诉讼具备的其他要素，如当事人、管辖法院等，并无具体限制。

在具体适用时，需要特别关注两个问题：一是前诉是否包含裁定问题。从字义理解，“裁判”是裁定与判决的合称，其范围当然包含裁定。但司法实践中，后诉的诉讼标的受生效裁定所羁束的情形较少，主要理由为：第一，程序问题包含原告主体资格、起诉期限、被告主体资格、被诉行政行为客观存在等多个方

面，有的程序结论可能随着新的事实或证据出现而发生改变。因此，对于前诉为裁定的，不宜简单适用诉讼标的受生效裁定所羁束的理由。第二，诉讼标的只有经过实体处理，才没有再次处理的必要性。对于实体方面尚未定论的诉讼标的，在符合法定起诉条件下原则上仍可以提请司法审查。第三，同一诉讼标的，对应的程序问题上的结论可能并不一致。如对同一征收决定提起诉讼的，前诉的当事人可能因没有利害关系而被裁定驳回起诉，而后诉的当事人则可能具有利害关系。在对后诉进行处理时，则不宜采用诉讼标的受生效裁定所羁束之理由。因此，《行政诉讼法司法解释》尽管使用生效裁判之表述，但在适用时应当慎重采用受生效裁定所羁束之理由。二是前诉是否包含民事等其他类型裁判问题。通常而言，民事、刑事诉讼的诉讼标的与行政诉讼不同，行政诉讼的诉讼标的不会受生效民事诉讼或刑事诉讼裁判的羁束。需要说明的是，当事人可能具有多种解决其实质争议、救济其合法权益的路径，如当事人请求确认其享有合法权益的，可以通过民事诉讼直接解决其与其他平等民事主体之间的争议，也可以依法申请相关行政主管部门进行确权，对行政确权决定不服再提起行政诉讼。在此情形下，民事诉讼与行政诉讼均针对同一实质争议，都可以达到当事人的诉讼目的。尽管如此，两种不同类型诉讼的诉讼标的并不相同，因而后诉的诉讼标的可能受前诉影响，但并不直接受前诉所羁束。由于前诉已对相关争议进行过处理，其裁判结论可以作为后诉的有力证据，即通过证明主要事实的方式对后诉产生重要影响。但也有例外：因立法调整或司法惯例变化等影响，行政诉讼的诉讼标的原先依法可以由民事诉讼进行审理的如行政协议争议，则可能出现后诉依法受生效的民事裁判所羁束的情形。

（二）容易引发争议的问题

1. 先行民事诉讼已对后诉的行政法律关系实质处理的情形

在此情形下，如何处理后诉存在两种不同观点：一种是认为后诉的诉讼标的受前诉羁束。主要理由为：民事诉讼的生效判决同样具有法律效力，其在执行诉讼标的受生效裁判羁束制度方面，与前诉为行政诉讼的情形并无不同，即可能出现两个冲突的生效裁判。另一种是认为后诉的诉讼标的不受前诉羁束。主要理由为：民事诉讼超出其法定权限范围作出裁判的，其本身可能不具有合法性以及相应的法律效力。对于依法可以进行审查的行政诉讼，不应受到没有审查权限的裁判所羁束。前述两种观点在不同价值选择方面都有其合理之处：第一，在未经法定程序否定前诉之前，前诉仍具有生效裁判的效力，可以作为执行依据，在解决争议方面发挥实际作用。若再次作出后诉，则可能出现同样结论的裁判或相互冲突的生效裁判，即没有提起后诉的必要或不能提起后诉。因此，从制度设计角度，后诉仍受已对同一诉讼标的作出处理的民事生效裁判所羁束。且前述原理适用于所有超越法定权限作出裁判的情形，如没有管辖权限的法院（包括级别管辖权与地域管辖权），直接对后诉的诉讼标的作出处理，此时后诉的诉讼标的受超越管辖权限的生效行政裁判所羁束。第二，依法可以进行审查的行政诉讼被不具有处理权限的生效裁判所羁束，显然不符合实质正义的要求。针对前述情形，人民法院可以按照以下步骤操作：（1）先准确判断前诉的诉讼标的与后诉的诉讼标的是否完全相同。（2）在确定前后诉的诉讼标的完全一致的情形下向当事人释明，告知其对具有羁束力的生效裁判提请审判监督程序，并建议其直接撤回后诉或中止后诉。当事人明确拒绝且坚持提起后诉的，则可以诉讼标的受生效裁判所羁束为由裁定驳回起诉。

2. 一个行政行为存在多个行政相对人的情形

实践中，行政行为的表现形式具有多样性，一个行政行为可能有多个行政相对人。通常而言，前诉对该行政行为作出裁判的，其羁束力应及于所有行政相对人。但也有例外情形，具体可分为两类：一是实质多个行政行为的，又可称可分行政行为。原则上，多个独立的行政行为不应当以单一行政行为形式作出，但其对外法律效力通常并不因其形式而被否定。在判断后诉与前诉之间的关系时，应当确定前诉对诉讼标的的羁束范围。如行政机关对两个行政相对人分别作出行政处罚，但仅作出一个行政处罚决定的，其中一个相对人针对行政处罚决定提起诉讼，前诉仅对处罚决定中涉及该相对人的事项进行审查并作出处理的，另一相对人就涉及其行政处罚事项提起行政诉讼的，则后诉的诉讼标的并不受前诉羁束。二是实质一个行政行为的，又可称为不可分行政行为。在追求实质解决行政争议、三个效果有机统一的过程中，有的人民法院在审查涉及人数较多、影响范围较广的不可分行政行为时，尽管已对被诉行政行为进行全面审查，但可能仅就涉及原告或实质产生行政争议部分裁判事项，如在河南省邓州市政府申请再审一案中，[1] 人民法院仅撤销征收决定中涉及原告房屋的部分。此时，同一行政行为涉及的其他当事人或同一当事人就前诉未审查、未处理的部分提起后诉的，其诉讼标的不受前诉羁束。综上分析，在具体判断后诉的诉讼标的是否受前诉羁束时，应当根据实质标准审查前诉的羁束力范围。

需要注意的是，由于现实情况可能较为复杂，即使前诉的诉讼标的羁束力及于后诉的全部范围，人民法院在特定情形下，也不宜简单地一律裁定驳回后诉。以征收决定为例，某一被征收人单独对征收决定提起诉讼，人民法院作出生效判决对征收决定的

① 参见最高人民法院（2019）最高法行申6539号行政裁定书。

全部内容进行实体处理的，其他被征收人再次就征收决定提起诉讼的，原则上受前诉的羁束。但人民法院在作出裁判前，应当分两步重点审查以下内容：一是其他行政相对人是否已经就同一被诉行政行为提起行政诉讼。从法理上，对于涉及多个行政相对人的不可分行政行为，某一行政相对人提起诉讼的，人民法院应当通知其他行政相对人参加诉讼。行政相对人数量众多的，可采取公告、登记的方式。因此，就一个行政行为多个行政相对人的，属于必要的共同诉讼，依法只能由多个行政相对人共同提起一个行政诉讼，不能拆分为每一个利害关系人作为一个行政案件起诉，不起诉的利害关系人可以通知其作为第三人参加诉讼。对于未依法通知其他行政相对人参加诉讼，可能带来后诉的诉讼标的被生效裁判所羁束而人民法院并不知前诉存在的隐患，不符合法律规定的程序。尽管如此，由于前诉已经生效，其他行政相对人提起的后诉仍属于诉讼标的被羁束的情形，人民法院应当告知其他行政相对人就前诉申请启动审判监督程序，并建议其撤回后诉。当事人拒绝的，可以依法裁定驳回起诉。二是前诉是否存在虚假诉讼等明显违反法律规定的情形。理论上，行政机关可能通过与某一没有争议的行政相对人相互串通，由后者通过提起行政诉讼并怠于举证等方式，使行政机关获得胜诉的生效判决以羁束被诉行政行为的效力。若人民法院初步审查发现前诉存在明显违反法律规定，则可以中止后诉的审理，待前诉的审判监督程序完成后再对后诉进行处理。

需要说明的是，前述情形都是针对前诉已经生效的情形。若前诉尚未生效，其他行政相对人就同一诉讼标的提起行政诉讼的，则应区分两种情形进行处理：一是前诉法庭辩论尚未结束的。此时，可以将后诉与前诉合并为一个诉讼。需要注意的是，对于法庭辩论是否结束，人民法院具有较大的自由裁量权限，即具有决定是否再次开庭审理的法定权限。二是前诉已经辩论结束，但尚未作出裁判或裁判尚未生效的。人民法院应当坚持全面性、合法性审查原则，由行政机关承担举证责任，在前诉的行政相对人不存在程序不符合情形、可以使被诉行政行为进入实体审查且前诉的行政相对人提供的证据可以代表或不少于其他行政相对人的情况下，人民法院可以重点审理前诉作出的生效判决，并将该判决作为标准适用于其他行政相对人提起的后诉即标准诉讼。但提起前诉的行政相对人被程序上裁定驳回，或其提供的证据材料少于其他行政相对人的，则不能采取标准诉讼。而应当从众多的后诉中，找寻出符合前述标准诉讼所具备的条件，没有符合条件的，则应当合并审理。

3. 利害关系人提起后诉的情形

对于行政相对人与利害关系人之间处于对立关系的如行政确权、行政处罚等行政行为，行政相对人或利害关系人提起前诉，另一方提起后诉的，其处理原则可以参照前述有关多个行政相对人的情形。但两者之间仍可能存在较大区别，如当事人之间的关系、诉讼请求或目的不同，且由此对应的诉讼标的被羁束情形也可能有所不同，尤其是对于前诉尚未生效时，其他当事人又提起后诉的处理。如行政相对人提起前诉时，人民法院已经追加利害关系人参加诉讼的，利害关系人又决定独立提起后诉的如何处理，主要有三种意见：第一，认为不予受理。主要理由为：后诉与前诉的诉讼标的相同，而前诉仍在进行，利害关系人也实际参与到前诉之中，后诉不宜也无须继续存在。第二，认为可以参照前述多个行政相对人情形下的原则进行处理。主要理由为：利害关系人具有原告主体资格，且基于其与前诉的行政相对人的诉讼请求可能并不完全相同，其单独提起行政诉讼具有价值。第三，认为无论前诉是否辩论结束，都不能将前诉与后诉合并为一案。具体又分两种意见：前诉尚未辩论结束的，前诉与后诉分别立案、合并审理，作出结论相一致的裁判；前诉已经辩论结束的，则审理前诉并作出生效裁判，后诉参照前诉作出结论一致的裁判。笔者倾向于最后一种意见，主要理由有：第一，若行政相对人与利害关系人处于对立关系的，合并为一案并均列原告身份，人民法院难以基于多个、相反的诉讼请求对诉讼标的作出裁判。第二，行政相对人与利害关系人都实际参与前诉，都能在前诉中充分行使诉讼权利、证明自身主张，人民法院可以在前诉中全面审查行政行为，并对诉讼标的准确作出裁判。前诉的审理情况即裁判结果可以作为后诉的有效参考。

三、撤诉后无正当理由再行起诉

（一）基本特征

在裁定驳回起诉的理由上，《行政诉讼法司法解释》第六十九条规定“撤回起诉后无正当理由再行起诉的”与《执行解释》第四十四条第一款第十项“已撤回起诉，无正当理由再行起诉的”规定并无不同。根据前述规定，该理由具有以下特征：第一，前诉与后诉完全相同，即前诉也属于行政诉讼，前诉与后诉的当事人、诉讼标的、诉讼请求、管辖法院等都相同。第二，前诉已经撤诉结案。对于前诉与后诉存在事项如管辖法院等不同的，原则上都属于当事人新提起的行政诉讼，不能以撤回起诉后无正当理由再行起诉为由裁定驳回起诉。

在具体适用时，需要特别关注以下问题：第一，撤诉包括当事人自愿申请撤诉、有可归责于当事人的原因而按撤诉处理两种方式。如《行政诉讼法》第五十八条“经人民法院传票传唤，原告无正当理由拒不到庭，或者未经法庭许可中途退庭的，可以按照撤诉处理……”规定的情形。第二，正当理由可以分为两类：一是法定理由，即相关法律明确规定的理由。如《行政诉讼法司法解释》第六十一条规定：“原告或者上诉人未按规定的期限预交案件受理费，又不提出缓交、减交、免交申请，或者提出申请未获批准的，按自动撤诉处理。在按撤诉处理后，原告或者上诉人在法定期限内再次起诉或者上诉，并依法解决诉讼费预交问题的，人民法院应予立案。”根据前述规定，因诉讼费问题按撤诉处理，已交纳诉讼费则属于正当理由。二是合理理由。目前尚无明确规定，由人民法院行使裁量权限进行判断。在具体操作时可以把握以下原则：当事人是否属于滥用诉权情形、立案受理是否会明显给被告增加额外负担、再次提起诉讼是否确有可能对当事人合法权益予以救济。

（二）容易引发争议的问题

1. 对撤诉裁定不服的救济

当事人认为自己并未提出撤诉申请，或认为自己不存在按撤诉处理的情形，则可能提出人民法院作出撤诉裁定结案处理不符合法律规定。例如，人民法院认为原、被告双方已通过协调方式实质解决行政争议，在原告未提交撤诉申请的情形下作出撤诉裁定的，或原告在未收到人民法院的传票或已依法对管辖提出异议情形下，人民法院迳行开庭并按撤诉处理的。根据《行政诉讼法司法解释》第六十条规定：“……准予撤诉的裁定确有错误，原告申请再审的，人民法院应当通过审判监督程序撤销原准予撤诉的裁定，重新对案件进行审理。”对撤诉裁定不服的，应当通过审判监督程序予以纠正，而非再行提起行政诉讼。人民法院认为撤诉裁定错误的，则予以纠正后由前诉继续审理。在具体适用时，应当正确认识前诉审判监督程序与再行提起后诉之间的关系：前者是人民法院依法不应作出撤诉裁定的情形，后者是人民法院作出撤诉裁定并不违反法律规定，而当事人的合法权益却有必要通过后诉予以救济的情形。以当事人被胁迫撤诉为例，当事人在前诉提出撤诉申请时确受到胁迫，但其并未提供证据证明或明确予以说明，人民法院在尽到审慎审查义务的基础上作出准予撤诉裁定，此时撤诉裁定并不违反法律规定。但由于当事人确属于受到胁迫情形下的非自愿撤诉，其在相关胁迫因素消除后再次提起后诉维护自身合法权益，从实质正义角度考虑应当准许，因而可以将其提起后诉列为撤诉后有正当理由提起诉讼的情形。

2. 前诉是否包括行政赔偿诉讼

根据前述关于裁定驳回理由的分析，前诉仅限于行政诉讼。尽管行政赔偿诉讼与行政诉讼在当事人身份、实质行政争议等方面具有较多共通之处，但二者所遵循的裁判理念或法律精神有所不同。在裁判理念方面，行政赔偿诉讼更接近于民事诉讼，即都是处理当事人之间的损失及赔偿关系、都可以调解结案等，在《行政诉讼法》没有规定的情况下应当参照《民事诉讼法》进行处理。根据《民事诉讼法》规定，撤回民事诉讼后再次提起同一诉讼的，原则可以依法予以受理。另外，当事人也可以通过改变诉讼请求等方式，较为轻易地规避前诉与后诉完全一致的问题。因此，当事人撤回行政赔偿诉讼后又再次提起行政赔偿诉讼的，不能以撤诉后无正当理由再行起诉为由裁定驳回起诉。

3. 后诉包含多项诉讼请求的处理

对于当事人提起的后诉包含多个原告、多个事项且可以相互分割的，如部分属于重复起诉或撤诉后无正当理由再提起诉讼，部分可以依法进行实体审理的，人民法院应当分开予以处理，可以裁定驳回某一当事人的起诉或对某部分诉讼标的的起诉。

四、裁定驳回起诉理由的辨析以及适用规则

根据前述关于三个驳回起诉理由的分析，要正确适用裁定驳回起诉的各项理由需要做到以下两点：第一，准确把握不同理由之间的区别（见表1）。第二，正确处理不同理由之间的竞合关系。

（一）主要区别

表 1 驳回起诉理由的区别分析

理由 分析	重复起诉	诉讼标的受生效裁判或调解书所羁束	撤诉后无正当理由再次提起诉讼
前诉是否已经生效	可能生效，也可能未生效	生效	生效
前诉是否限定于行政诉讼	原则上限定，但有例外情形（如行政协议案件）	原则上限定，但有例外情形	限定
前诉是否包含裁定	原则上包括，但有例外情形	原则上不包括	限于撤回起诉裁定
前诉与后诉的当事人是否完全一致	原则上完全一致	并不要求完全一致	原则上完全一致
前诉与后诉的管辖法院是否完全一致	原则上要求一致，但有例外情形	不限定	要求一致

（二）竞合时的处理

根据前述分析，行政诉讼的起诉条件有多个，且可以分为四个层次。当事人提起的诉讼可能有多个不符合起诉条件的理由，可能分布在同一层次，也可能分布在不同层次。在法理上，只要符合其中一个理由，人民法院即可依法裁定驳回起诉。但在裁定理由的审查以及选择上，尚未形成统一认识和做法。实践中主要有两种观点：一是认为人民法院可以自由选择裁定驳回的理由，主要理由为：无论如何选择理由，都不影响裁定驳回的结论；二是认为人民法院应当按照先后顺序选择驳回起诉的理由，主要理由为：对于可以有多个裁定驳回理由的，人民法院没有必要也不宜选择多个理由，而应选择对诉的成立影响最大的理由。当前，因没有相关的明确法律规定，前述两个观点的正确性尚无法律意义上的定论，而只能在法理层面上进行探讨。对于前述情形，人民法院在审查时，可以按照以下原则进行：第一，对照裁定驳回起诉理由的层次，按层次的上升顺序逐步审查。第二，同时符合多个裁定驳回理由的，原则上优先适用低层次的理由。第三，对于处于同一层次的多个理由，按照特殊优于一般的原则选择。若没有特殊与一般关系的，人民法院可以自由选择。关于特殊与一般关系的判断，主要标准为该驳回起诉的理由中所限定的条件多与少。限定条件较多的，属于特殊理由。限定条件较少的，属于一般理由。如重复起诉与撤诉后无正当理由再行起诉相比，根据前述表1显示，撤诉后无正当理由再行起诉的限定条件更多，属于特殊理由；重复起诉与诉讼标的受生效判决所羁束相比，重复起诉的限定更多，属于特殊理由。举两例以作说明，若当事人的起诉同时具有不同层次的驳回起诉理由，如没有原告主体资格、超过法定起诉期限、没有先行申请复议、重复起诉等，人民法院可以先审查原告主体资格问题，在认为起诉人没有原告资格时，可以以此为由裁定驳回起诉，而无须也不宜适用其他驳回起诉的理由；若当事人的起诉同时具有相同层次的驳回起诉理由，如同时存在重复起诉与撤诉后无正当理由再行起诉两个理由时，应当优先适用后一理由；同时存在重复起诉与诉讼标的受生效判决所羁束两个理由时，应当优先适用前一理由。

法律法规链接

1.《最高人民法院关于适用〈中华人民共和国行政诉讼法〉的解释》（2018年2月6日）

第六十条 人民法院裁定准许原告撤诉后，原告以同一事实和理由重新起诉的，人民法院不予立案。

准予撤诉的裁定确有错误，原告申请再审的，人民法院应当通过审判监督程序撤销原准予撤诉的裁定，重新对案件进行审理。

第六十九条 有下列情形之一，已经立案的，应当裁定驳回起诉：

（一）不符合行政诉讼法第四十九条规定的；

（二）超过法定起诉期限且无行政诉讼法第四十八条规定情形的；

（三）错列被告且拒绝变更的；

（四）未按照法律规定由法定代理人、指定代理人、代表人为诉讼行为的；

（五）未按照法律、法规规定先向行政机关申请复议的；

（六）重复起诉的；

（七）撤回起诉后无正当理由再行起诉的；

（八）行政行为对其合法权益明显不产生实际影响的；

（九）诉讼标的已为生效裁判或者调解书所羁束的；

（十）其他不符合法定起诉条件的情形。

前款所列情形可以补正或者更正的，人民法院应当指定期间责令补正或者更正；在指定期间已经补正或者更正的，应当依法审理。

人民法院经过阅卷、调查或者询问当事人，认为不需要开庭审理的，可以迳行裁定驳回起诉。

第一百零六条 当事人就已经提起诉讼的事项在诉讼过程中或者裁判生效后再次起诉，同时具有下列情形的，构成重复起诉：

（一）后诉与前诉的当事人相同；

（二）后诉与前诉的诉讼标的相同；

（三）后诉与前诉的诉讼请求相同，或者后诉的诉讼请求被前诉裁判所包含。

2.《最高人民法院关于适用〈中华人民共和国民事诉讼法〉的解释》（2022 年 4 月 1 日）

第二百一十四条 原告撤诉或者人民法院按撤诉处理后，原告以同一诉讼请求再次起诉的，人民法院应予受理。

原告撤诉或者按撤诉处理的离婚案件，没有新情况、新理由，六个月内又起诉的，比照民事诉讼法第一百二十七条第七项的规定不予受理。

第二百四十七条 当事人就已经提起诉讼的事项在诉讼过程中或者裁判生效后再次起诉，同时符合下列条件的，构成重复起诉：

（一）后诉与前诉的当事人相同；

（二）后诉与前诉的诉讼标的相同；

（三）后诉与前诉的诉讼请求相同，或者后诉的诉讼请求实质上否定前诉裁判结果。

当事人重复起诉的，裁定不予受理；已经受理的，裁定驳回起诉，但法律、司法解释另有规定的除外。

类案检索报告

一、检索工具：法信平台——类案检索。

二、关键词：行政赔偿、撤诉后再次起诉；筛选条件：审理法院——最高人民法院。

三、检索结果：检索关键词“行政赔偿、撤诉后再次起诉”，选择与本案相似的 4 件行政诉讼案件。

四、类案文书：

序号	案件名称	案由	案号
1	临汾市邦翼达石材有限公司、李某宏诉山西省曲沃县人民政府行政赔偿案	行政赔偿	（2020）最高法行赔再6号
2	王某跃诉贵州省纳雍县人民政府、贵州省纳雍县城乡建设局强制拆除房屋行为违法及行政赔偿案	行政赔偿	（2017）最高法行申1615号
3	七星关区银河林果药苗辅场诉毕节市七星关区综合行政执法局行政赔偿案	行政赔偿	（2020）黔行赔申8号
4	石某喜诉如皋市人民政府行政赔偿案	行政赔偿	(2020)苏行赔终31号

（撰写人：章文英、李昂[①]）

① 时任最高人民法院第四巡回法庭成长计划法官，湖北省武汉市新洲区人民法院法官。

5. 对存在权属争议的不动产行政登记行为的司法审查

案情摘要

相邻的甲、乙两村联合修建丙小学。2008年，当地土地管理部门组织甲、乙两村签订《土地权属界线协议书》，附图显示丙小学归乙村所有。上述协议有甲村村民委员会的印章、土地管理部门调查员的签字，并无乙村村民委员会的印章或签字。2012年，乙村村民委员会向当地区政府申请集体土地确权登记，同时提交了上述《土地权属界线协议书》。土地登记部门组织甲、乙两村现场指界后，制作了《地籍调查表》《宗地图》。在地籍调查过程中，甲村未对上述《土地权属界线协议书》确定的两村界限提出异议。2012年12月，当地区政府为乙村颁发集体土地所有证。甲村村民委员会认为丙小学两次向西扩建均系占用甲村土地，丙小学一直由甲村管理，第五次人口普查区域图、相关法律文书和教育局网站等都载明丙小学位于甲村范围内，故甲村一直误以为丙小学土地已登记在学校和教委名下，故在土地管理部门两次地籍调查时，才会认可丙小学不在甲村范围内。甲村村民委员会2016年

1 月向当地市政府申请行政复议，请求撤销上述集体土地所有证并将丙小学土地确权归甲村所有。当地市政府在组织听证后，作出行政复议决定，撤销区政府为乙村颁发的案涉集体土地所有证，责令区政府依法重新作出土地登记。乙村村民委员会不服上述行政复议决定，向人民法院提起行政诉讼，请求判决撤销。

法律问题

当事人以不动产权属存在争议为由，对不动产登记行为申请行政复议或提起行政诉讼，人民法院是否应当以起诉条件不成熟为由不予受理，告知当事人先行解决不动产权属争议？

不同观点

甲说：应当告知

行政复议是一种准司法程序，与行政诉讼一样，都有自身的局限性，只是解决行政争议的一种途径，只有在处理时机成熟时，才能对诉争的行政争议予以受理。《最高人民法院关于审理房屋行政登记案件若干问题的规定》第八条规定："当事人以作为房屋登记行为基础的买卖、共有、赠与、抵押、婚姻、继承等民事争议法律关系无效或者应当撤销为由，对房屋登记行为提起行政诉讼的，人民法院应当告知当事人先行解决民事争议。"据此，当事人对不动产权属有争议，对不动产登记行为申请行政复议或提起行政诉讼的，此时作出行政复议决定或行政判决的时机尚不成熟，应告知当事人先行解决权属争议，不应直接作出行政复议决定或行政判决。

乙说：无须告知

当事人因不动产权属争议，对不动产登记行为申请行政复议或提起行政诉讼的，复议机关或人民法院应当对该不动产登记行为的合法性进行审查，无须告知当事人先行解决不动产权属争议。

法官会议意见

采乙说

当事人因不动产权属争议，对不动产登记行为申请行政复议或提起行政诉讼的，复议机关或人民法院可以告知当事人先行解决不动产权属基础民事纠纷。当事人坚持申请行政复议或提起行政诉讼，不同意先行解决不动产权属民事纠纷的，复议机关或人民法院应当依法受理其对不动产登记行为的复议申请或起诉，不得以复议或起诉条件不成熟为由，不予受理。

意见阐释

一、不动产登记案件常涉不动产权属争议的原因

不动产登记是行政机关根据法律、法规的相关规定，对不动产权属进行登记的行为。自《不动产登记暂行条例》2015 年 3 月 1 日实施以来，我国不动产登记工作由各地县级以上人民政府确定一个部门统一办理。《不动产登记暂行条例》第二条第一款规定："本条例所称不动产登记，是指不动产登记机构依法将不动产权利归属和其他法定事项记载于不动产登记簿的行为。"第二十一条规定："登记事项载于不动产登记簿时完成登记。不动产登记机构完成登记，应当依法向申请人核发不动产权属证书或者登记证明。"也就是说，不动产登记完成后，行政机关应向登

记申请人核发权属证书或证明，但该颁证行为并不赋予当事人新的权利义务，亦不改变当事人原有的法律关系，仅系对不动产权属的一种行政确认和公示行为。

实践中，也有观点认为，《民法典》第二百零九条第一款规定："不动产物权的设立、变更、转让和消灭，经依法登记，发生效力；未经登记，不发生效力，但是法律另有规定的除外。"因此，除非法律另有规定，不动产物权的得失、变更只能依据不动产物权登记，如果不动产物权并未登记，则不能取得该物权。笔者认为该观点混淆了行政确认与行政赋权。如果不动产物权未经登记则不能取得该物权，实践中将会出现大量新建房屋因未进行登记而处于无主状态的情形。

从我国民事法律规范的规定来看，我国采纳的是以债权形式主义为主的物权变动模式，即基于法律行为发生的物权变动中，登记都是不动产物权变动生效的要件，但"要件"不同于"原因"，不动产物权变动的原因或基础只能是买卖、赠与、抵押等当事人的单方或双方法律行为，登记首先标志着转移不动产物权的权利义务关系画上句号，然后就是将发生的物权变动由行政权予以确认并向社会公示。[①] 因此，不动产物权并非登记的产物。

能够导致不动产物权设立、变更、转让、消灭的原因有很多，除上述民事法律行为外，人民法院的生效判决、仲裁委员会的仲裁裁决以及人民政府的征收决定都会导致不动产物权变更，房屋的建造、拆除等事实行为也会设立或消灭不动产物权。从我国目前的法律、法规相关规定来看，登记机构对于不动产物权登记的审查内容是有限的。《民法典》第二百一十二条规定："登记机构应当履行下列职责：（一）查验申请人提供的权属证明和其

---

① 参见司伟：《论不动产物权权属登记与确认纠纷的诉讼程序界分》，载最高人民法院民事审判第一庭编：《民事审判指导与参考》（2016 年第 1 辑·总第 65 辑），人民法院出版社 2016 年版，第 61~62 页。

他必要材料；（二）就有关登记事项询问申请人；（三）如实、及时登记有关事项；（四）法律、行政法规规定的其他职责。申请登记的不动产的有关情况需要进一步证明的，登记机构可以要求申请人补充材料，必要时可以实地查看。”该条规定并未回答不动产登记机构进行实质审查还是形式审查，从字面意思理解，不动产登记机构需要对申请人提供的材料进行形式审查，如果材料齐全、符合法定形式，属于登记职责范围，就应该办理登记。根据《不动产登记暂行条例》第十八条规定，不动产登记机构受理不动产登记申请的，应当查验不动产界址、空间界限、面积等材料与申请登记的不动产状况是否一致；有关证明材料、文件与申请登记的内容是否一致；登记申请是否违反法律、行政法规规定。也就是说，不动产登记机构仅能从材料表面审查，即便是可以实地查看，也只是确认不动产的界址、面积等是否与申请登记材料一致，对于不动产物权变动背后的基础性民事法律关系，不动产登记机构因自身职权的限制和跨专业性，其不能也无法做到全面审查。因此，实践中会发生不动产登记与该不动产实际权属不一致的情况，当事人对不动产登记行为申请复议或提起行政诉讼时，就会常常涉及不动产权属争议。

二、本案起诉符合法定条件，不属于应告知当事人先行解决不动产权属争议的情形

因权属争议引起的不动产登记案件，当事人对不动产登记行为提起行政诉讼，起诉条件已经成就，同时符合其他法定条件的，人民法院应当依法受理。是否应告知当事人先行解决不动产权属争议，应根据具体案情决定。不能理解为只要涉及不动产权属争议，就须告知当事人先行解决。

就本案而言，乙村根据有甲村村民委员会盖章、当地土地管理部门调查员签字的《土地权属界线协议书》，向当地区政府

申请农村集体土地确权登记。经土地登记部门组织甲、乙两村现场指界，制作《地籍调查表》《宗地图》后，当地区政府向乙村颁发农村集体土地所有证。该登记颁证行为系对案涉土地所有权的初始登记，是当地区政府根据《土地权属界线协议书》，由土地登记部门进行相关调查后，确认案涉土地所有权的行为。甲村认为其系丙小学土地的所有权人，向当地市政府申请行政复议撤销上述颁证行为，可以说明其与乙村就丙小学土地所有权存在争议，但区政府登记确权行为已经对外发生法律效力，对各方利害关系人的权利义务已经产生实际影响，属于可诉的行政行为，权属纠纷本身不影响人民法院对不动产登记行为不服的起诉立案。

当地市政府经审理查明，《土地权属界线协议书》上仅有甲村村民委员会盖章和当地土地管理部门调查员的签字，没有乙村村民委员会的盖章或签字，且当地区政府颁发案涉农村集体土地所有证前，并未按照当时有效的《土地登记办法》第二十三条的规定对案涉土地权属审核结果进行公示，故颁发案涉农村集体土地所有证的主要证据不足，程序违法。当地市政府行政复议决定撤销案涉农村集体土地所有证并责令区政府重新作出案涉土地登记，符合2009年修正的《行政复议法》第二十八条第一款第三项关于撤销、变更或者确认具体行政行为违法的规定以及2004年修正的《土地管理法》第十六条关于单位之间土地所有权争议，协商不成的，由县级以上人民政府处理的规定，适用法律正确，并无不当。

三、因权属争议引起的不动产登记案件，是否应告知当事人先行解决不动产权属争议应根据具体案情判断

（一）当事人的起诉不符合法定受理条件的，应直接裁定驳回起诉，不涉及是否应告知当事人先行解决不动产权属争议的情形

行政诉讼属于行政法上的一种救济手段，既要保护公民、法

人和其他组织的合法权益，监督行政机关依法行使职权，也要确保行政管理活动高效有序，因此，《行政诉讼法》从受案范围、起诉期限、诉讼主体资格、起诉条件等各方面规定了人民法院受理行政案件的法定条件。

当事人对不动产登记行为提起行政诉讼后，人民法院应先就当事人的起诉是否符合人民法院行政案件的受理条件进行审查，对于不符合受理条件的案件，应直接裁定驳回起诉。例如，行政诉讼中较为常见的诉颁发农村土地承包经营权证的案件，根据《物权法》第一百二十七条[①]规定："土地承包经营权自土地承包经营权合同生效时设立。县级以上地方人民政府应当向土地承包经营权人发放土地承包经营权证、林权证、草原使用权证，并登记造册，确认土地承包经营权。"也就是说，土地承包经营权人自土地承包经营合同生效时取得土地承包经营权，该土地承包经营权的获得系以承包经营权关系为基础，县级以上地方人民政府向土地承包经营权人颁发土地承包经营权证的行为，仅系对其已取得的土地承包经营权的确认。如果自然人甲主张政府给自然人乙颁发的土地承包经营权证上所载土地实际由其承包并耕种，因此甲以侵犯权益为由诉请人民法院判决撤销政府为乙颁发的土地承包经营权证。但法院经审查后发现，甲虽主张其系案涉土地实际承包人，但并没有证据初步证明其实际耕作经营。这种情况下，甲不能证明其与案涉颁证行为具有利害关系，根据《行政诉讼法》第二十五条第一款规定，人民法院应当裁定驳回其起诉。

① 现为《民法典》第三百三十三条。

（二）对于符合案件受理条件，被诉不动产登记行为合法的，判决驳回原告诉讼请求；不动产登记行为违法，判决撤销，但是撤销将会严重损害国家利益、公共利益的，判决确认该不动产登记行为违法，保留效力

《行政诉讼法》第六条规定："人民法院审理行政案件，对行政行为是否合法进行审查。"也就是说，不拘泥于当事人的诉讼请求，只要当事人的起诉符合人民法院行政案件的受理条件，基于合法性审查原则，人民法院应当对被诉行政行为的合法性进行全面审查。当事人之间因不动产权属争议，对不动产登记行为提起行政诉讼的，人民法院应对不动产登记行为的合法性进行审查。经审理，认为被诉不动产登记行为证据确凿，适用法律、法规正确，符合法定程序的，依法判决驳回原告诉讼请求。被诉不动产登记行为存在主要证据不足、适用法律法规错误、违反法定程序、超越职权或者存在滥用职权、明显不当情形之一的，依法判决撤销、部分撤销或者撤销重作；被诉不动产登记行为违法，依法应当撤销，但撤销会给国家利益、社会公共利益造成重大损害，或者被诉不动产登记行为程序轻微违法，但对原告权利不产生实际影响的，人民法院判决确认不动产登记行为违法，不撤销保留效力。

（三）对于符合案件受理条件，且不动产权属确实存在争议的，可以告知当事人先行解决基础不动产权属争议

《最高人民法院关于审理房屋行政登记案件若干问题的规定》第八条规定："当事人以作为房屋登记行为基础的买卖、共有、赠与、抵押、婚姻、继承等民事法律关系无效或者应当撤销为由，对房屋登记行为提起行政诉讼的，人民法院应当告知当事人先行解决民事争议。"《行政诉讼法》第六十一条"在涉及行政许可、登记、征收、征用和行政机关对民事争议所作的裁决的行政诉讼中，当事人申请一并解决相关民事争议的，人民法院可以

一并审理”的规定，申请人民法院一并审理民事争议。当事人因不动产权属争议对不动产登记行为提起行政诉讼，请求撤销该登记行为，其矛盾的根本并非不动产登记行为，而是不动产权属争议。根据前述规定，原告起诉不动产登记行为符合法定条件的，人民法院为实质解决争议，可以告知当事人一并提起民事诉讼，或者告知当事人先行依法通过仲裁或民事诉讼解决不动产民事纠纷。一并提起民事诉讼的，人民法院一并对民事、行政争议进行处理、作出判决；当事人另行通过仲裁、民事诉讼等方式解决不动产权属基础民事争议的，人民法院裁定中止不动产行政登记案件的审理，等待关联案件的处理结果。

如果当事人对人民法院告知一并或另行解决不动产权属民事纠纷的建议不予采纳，坚持通过行政诉讼解决争议的，人民法院应当对与被诉不动产登记行政行为合法性相关的基础民事纠纷的相关事实和法律适用问题进行审查，全面审查被诉不动产登记行为的合法性。不动产登记的主要事实是不动产的权属，不动产登记机关应当提供颁证时的审核相关材料证明不动产产权属于不动产登记簿上登记的产权人，作为诉讼第三人登记在登记簿上的产权人有权补充证据，证明其对不动产享有产权。如果根据诉讼中的证据足以证明不动产登记时的权属认定主要事实不清、证据不足，甚至产权权属认定错误的，应当认定不动产登记行为违法。对于不涉及被诉不动产登记行为合法性审查的其他民事争议事项不予审查，当事人应当另行通过民事救济途径依法解决。

实践中有人认为，人民法院审理不动产登记案件时，对于不动产登记行为的合法性审查，只能按照不动产登记时的证据进行审查，只要登记机关尽到了审慎的审查义务，就不能认定不动产登记行为违法。笔者认为，这个观点是错误的。有新的证据足以证明不动产登记系申请人提供虚假材料欺骗登记机关取得，案涉不动产实际产权人并非登记簿记载的权利人，不动产登记主要事实认定错误，显然属于登记行为违法情形，不能判决驳回原告诉讼请求。同时笔者还认为，登记机关是否尽到审慎的审查义务，仅仅是判断登记机关登记行为违法时是否需要承担行政赔偿责任应当考量的因素，不是判断被诉不动产登记行为是否合法的考虑因素。

综上，当事人因不动产权属基础民事纠纷，对不动产登记行为提起行政诉讼，人民法院可以告知当事人一并提起民事诉讼，或者另行通过民事救济途径解决基础民事纠纷；当事人坚持通过行政诉讼解决争议，不一并或另行通过民事救济途径解决基础民事纠纷的，人民法院应当对与被诉不动产登记行为合法性相关联的民事纠纷事实和法律问题进行审查。现有证据足以证明被诉不动产登记行为主要事实不清的，人民法院应当认定该登记行为违法。登记机关在办理不动产登记过程中是否尽到审慎的审查义务，是判断登记机关是否承担行政赔偿责任需要考虑的因素，不是判断不动产登记行为是否违法的法定条件。

法律法规链接

1.《中华人民共和国行政诉讼法》（2017 年 6 月 27 日第二次修正）

第六条 人民法院审理行政案件，对行政行为是否合法进行审查。

第六十九条 行政行为证据确凿，适用法律、法规正确，符合法定程序的，或者原告申请被告履行法定职责或者给付义务理由不成立的，人民法院判决驳回原告的诉讼请求。

第七十条 行政行为有下列情形之一的，人民法院判决撤销或者部分撤销，并可以判决被告重新作出行政行为：

（一）主要证据不足的；

（二）适用法律、法规错误的；

（三）违反法定程序的；

（四）超越职权的；

（五）滥用职权的；

（六）明显不当的。

第七十四条第一款 行政行为有下列情形之一的，人民法院判决确认违法，但不撤销行政行为：

（一）行政行为依法应当撤销，但撤销会给国家利益、社会公共利益造成重大损害的；

（二）行政行为程序轻微违法，但对原告权利不产生实际影响的。

2.《最高人民法院关于审理房屋行政登记案件若干问题的规定》（2010 年 11 月 5 日）

第八条 当事人以作为房屋登记行为基础的买卖、共有、赠与、抵押、婚姻、继承等民事法律关系无效或者应当撤销为由，对房屋登记行为提起行政诉讼的，人民法院应当告知当事人先行解决民事争议，民事争议处理期间不计算在行政诉讼起诉期限内；已经受理的，裁定中止诉讼。

类案检索报告

一、检索工具：中国裁判文书网。

二、关键词：不动产登记、权属争议、撤销；筛选条件：案件类型——行政案件；法院层级——最高人民法院。

三、检索结果：检索关键词“不动产登记、权属争议、撤销”，共检索出案件 42 件，经过筛选，与案例类似度较高的案件只有 1 件。

四、类案文书：

序号	案件名称	案由	案号
1	广东省海丰县自然资源局、东荣食品（海丰）有限公司、海丰县可塘镇高加宝石厂因海丰百富才服装有限公司诉海丰县自然资源局、广东省海丰县人民政府国有土地使用权颁证案	国有土地使用权颁证	（2019）最高法行申12308号

（撰写人：李小梅、张海婷）

6. 依据会议纪要提起的履责之诉的审查

案情摘要

甲公司、乙公司对某项目进行开发。甲公司与丙公司的主管部门某县城乡建设局签订《转让土地合同》，约定将甲公司的2亩地转让给丙公司。2004年，某市法院终审判决确认前述《转让土地合同》有效，责令甲公司将土地交付给丙公司。甲公司未履行生效判决。2008年该市国土资源局作出的专题会议纪要明确：将该地块与其他的储备地进行置换。2014年该市国土资源局作出信访协调意见，明确对丙公司的解决方案为进行货币补偿或者土地置换。2015年该市国土资源局再次作出信访答复意见，内容同前。因丙公司的诉求一直未予解决，故其向法院提起诉讼，请求该市国土资源局履行土地置换职责。

法律问题

当事人是否可以依据会议纪要提起履责之诉?

不同观点

甲说：可诉说

一般情形下，会议纪要属于行政机关内部决议，对外不发生法律效力，对当事人的权利义务不产生实际影响，不具有可诉性。但如果会议纪要内容具体明确，具有直接执行力，已经对当事人的权利义务产生实际影响，则属于对外发生法律效力的行政决定。会议纪要议定的事项具有法定效力，非依法定程序不得否定其效力。会议纪要议定的事项已转化为行政机关的法定职责。行政机关不履行法定职责，属于可诉的行政行为。

乙说：不可诉说

会议纪要系针对有关问题召开专题会议的政府内部决议，在法律性质上属于内部行政行为和过程性行政行为，并未直接对外产生法律效力，属于不可诉的行政行为。行政机关不履行会议纪要法定职责行为，不属于行政诉讼受案范围。

法官会议意见

采甲说

会议纪要通常是政府内部的决议，在转化为对外发生法律效力的行政行为之前，不具有法律上的强制执行力，也不会对当事人的权利和义务产生直接影响。行政机关不履行会议纪要确定的义务，通常也属于内部行政行为，不属于行政诉讼受案范围。但是，会议纪要符合以下条件，行政机关不履行会议纪要确定的义务，则属于可诉的行政行为：一是会议纪要内容直接对当事人的权利义务产生实际影响；二是会议纪要内容具体、明确，具有直接执行力。行

政机关不履行会议纪要确定的义务，属于可诉的行政行为。

意见阐释

一、会议纪要的可诉性分析

会议纪要是行政机关在行政管理过程中形成的规范格式的文书，用于记载和传达行政机关有关会议情况和议定事项。《党政机关公文处理工作条例》第八条第十五款规定“会议纪要属于公文种类之一，适用于记载会议主要情况和议定事项”。会议纪要具有制作主体法定性、形式规范性、程序正当性等特点，是政府行使行政职权、履行政府职责的重要方式和载体。从历史沿革来看，不同时期会议纪要的适用范围、功能和作用不尽相同。1987年和2000年的《国家行政机关公文处理方法》中会议纪要承载着“传达会议议定事项和精神”的功能。现行有效的《党政机关公文处理工作条例》将会议纪要的功能定位为记载会议主要情况和议定事项。政府或者上级行政机关经常召开会议讨论问题，并以会议纪要的形式确定公民、法人或者其他组织的权利义务，实现政府治理目标。因而，会议纪要作为我国各级行政机关普遍采用的研究解决问题的方式，具有议定事项之功能和作用。司法实践中，因政府会议纪要提起行政诉讼的案件数量日益增多。有关会议纪要是否属于行政诉讼受案范围存在不同认识。一种观点认为，会议纪要属于内部行政行为，不可诉；另一种观点认为，会议纪对当事人的权利义务产生实际影响的，应当纳入行政诉讼受案范围。因此，有必要从理论上对会议纪要是否可诉进行研究和探讨。

（一）会议纪要可诉性的审查标准

从规范意义上分析，会议纪要作为政府以会议形式讨论研究、议定事项的归纳总结，具有一定的内部性和过程性特征。首先，会议纪要的形成过程具有内部性和封闭性，各级政府和有关部门遵循民主集中制原则议定事项。其次，会议纪要的内容具有内部性。会议纪要作为行政机关的公文种类之一，系行政机关的内部工作规程，通常是行政机关集体研究讨论相关事项所形成的内部意向性处理意见，为最终解决某一问题和专项事项提供依据，一般对外不发生法律效力。最后，会议纪要的内容呈现出过程性特征。会议纪要的内容多为处理和解决问题的原则性规定，其作用对象和效力范围仅限于行政系统内部，有待相关行政机关通过后续行政行为加以实施、执行，才能产生外部法律效力，对当事人的权利义务产生实际影响。如前所述，会议纪要应当作为内部行政行为而存在，属于不可诉的行政行为。然而，实践中会议纪要具有多种样态，并未严格遵循上述内部性和过程性行政行为的界限，无论其外在形式抑或实质内容均有可能呈现出外化特征，即内部行政行为外化。依学理分析，内部行政行为外化指内部行政行为的效力反射到外部行政相对人，进而对行政相对人的权利义务产生实际影响，产生效力外化现象。效力外化一般通过行政机关的职权行为或行政权力运作的方式得以实现。若囿于会议纪要的内部性特征，将无法从实质上正确认识和把握会议纪要的性质。为此，需要揭开会议纪要的面纱，探究会议纪要可诉性的审查标准。

会议纪要是否可诉，取决于其是否已经外化并对外发生了法律效力。具体有以下几方面。

1. 实质标准：对相对人权利义务产生实际影响

“权利义务受到实际影响”是判断会议纪要外化和可诉性的实质标准。《行政诉讼法》第二条第一款规定：“公民、法人或者其他组织认为行政机关和行政机关工作人员的行政行为侵犯其合法权益，有权依照本法向人民法院提起诉讼。”《行政诉讼法》第十二条第一款第十二项规定，公民、法人或者其他组织认为行政机关侵犯其他人身权、财产权等合法权益的，有权提起行政诉讼。

《行政诉讼法司法解释》第一条第二款第六项规定，对公民、法人或者其他组织的权利义务不产生实际影响的行为不属于行政诉讼的受案范围。由此可知，判断行政行为是否可诉的标准是行政行为是否侵犯行政相对人的合法权益，是否对行政相对人的权利义务产生实际影响。一般情形下，会议纪要的内容属于行政机关内部管理事项，仅在行政机关内部适用，尚未对外发生法律效力，不具有可诉性。最高人民法院裁判要旨中指出："会议纪要的性质主要是针对会议进行情况以及最后结论的记录，本身并不对外发生法律效力，亦不具有可诉性。但会议纪要具有确定某一行政事项如何处理的初步意见，因此具有证据意义。""会议纪要作为行政机关用于记载和传达有关会议情况和议定事项的内部公文，属于行政机关通过集体讨论的方式就特定事项形成的内部意见或工作安排，不直接对外产生法律效力。"[①] 如果会议纪要内容已经突破内部行政行为的界限，直接对行政相对人的权利义务产生影响，则认定该会议纪要已经实现效力外化，表明该行政行为已经由内部性和过程性行政行为转化为外部、终局性行政行为，从而具有可诉性。

2. 内容要件：具体、明确、具有可执行性

会议纪要的内容具体、明确、具有可执行性是其可诉性的前提和重要标准。法律规范规定的抽象的权利义务只有转化为个人具体的权利和义务，它的法功能才能得以实现。如果会议纪要的内容指向特定对象和特定事项，则可认定该内容具体明确。若会议纪要的内容仅提供了处理问题的原则和方法，未指向特定对

① 《广州市海龙王投资发展有限公司诉广东省广州市对外经济贸易委员会行政处理决定上诉案》，载《最高人民法院公报》2002 年第 6 期。

象或者未针对特定事项，没有对具体问题作出最终决定，则可认定会议纪要内容并不具体明确，并未产生外化效力，不具有可诉性。司法实践中，法院将“是否针对特定对象和特定事项作出决定”作为会议纪要是否可诉的重要审查标准。在吉德仁等诉盐城市人民政府行政决定案中，最高人民法院裁判要旨认为：“会议纪要针对特定主体就特定事项作出决定，且明确要求执行，不属于抽象行政行为，而是一种可诉的具体行政行为。”此外，一个具有外部效力的会议纪要还应当具有确定力、拘束力和执行力。如果会议纪要的内容为建议或者指导性质的意见，仅具有引导和参考功能，不具有执行力，不能被直接实施或者执行，那么该会议纪要也无法实现实质外化，因而也不具有可诉性。

实践中，政府作出会议纪要后，各职能部门为落实该会议纪要，应当作出相应的行政行为。会议纪要是否可诉应以对当事人权利义务产生影响的标准加以判断。如果会议纪要的内容具体、明确，且对相对人的权利义务产生实际影响，那么会议纪要和其他行政行为均可诉。如果会议纪要的内容仅为内部文件，仍需要相关职能部门在职权范围内作出行政决定，则会议纪要不可诉，当事人可以针对职能部门的行政行为提起诉讼。

（三）将外化的会议纪要纳入行政诉讼受案范围的正当性分析

1. 是保护公民、法人和其他组织合法权益的需要

会议纪要形式上仅属于内部行政行为，但是，如果实质上具有外部法律效力，对外部当事人的权利义务已经产生实际影响。此时，仅仅从形式上认定该会议纪要属于内部行政行为不可诉，将无法实现对权利义务已经受到会议纪要不利影响的公民、法人或者其他组织合法权益的有效保护。依据“有权利必有救济”的基本理念，行政相对人的合法权益有可能受到会议纪要的损害时，有权提起行政诉讼寻求救济。一是从形式要件，二是从实质

要件看会议纪要的性质，从而确认其是否属于行政诉讼的受案范围，符合《行政诉讼法》的立法宗旨判断行政行为可诉性的法定标准，有利于解决行政争议，保护公民、法人和其他组织的合法权益，监督行政机关依法行使行政职权，有效防止行政机关借会议纪要之名逃避司法监督。

2. 与成熟性原则相契合

将已经外化的会议纪要纳入行政诉讼受案范围符合成熟性原则的要求。当会议纪要发展到足以对行政相对人的合法权益产生影响的阶段，即可认定将其纳入行政诉讼受案范围的时机已经成熟。为了实现行政管理目标，行政主体依据法律实施一系列行政行为。日本学者远藤博也、盐野宏教授等提出行政过程论，即“为了实现一定的行政目的，行政主体依据法律实施一系列的行政行为或其他行为而构成的过程”。[①] 鉴于行政活动是一个动态的、全面的行为过程，过程性行政行为与外部行政行为界限并非泾渭分明，引入成熟性原则对某一行为是否可诉加以判断则显得十分有必要。“法律不保护权利上的睡眠者”，法律不允许过于迟延地请求法律救济，但是过早地请求法律保护同样不被允许。司法活动具有事后性，只有在行政行为作出后，司法才可以介入。司法过早对行政行为进行审查将影响行政权的正常运行。从域外经验来看，美国将行政成熟原则作为是否启动司法审查的标准，即行政程序必须发展到适宜由法院处理的阶段，即已经达到成熟的程度，才能允许进行司法审查。[②]《日本行政诉讼法》规定：“只要没有达到对当事人的权利义务作出最终决定的终局阶段，便不承认其具有处分性，也就是尚未成熟到可由法院进行审查的阶

① 江利红：《行政过程论在中国行政法学中的导入及其课题》，载《政治与法律》2014 年第 2 期。

② 王名扬：《美国行政法》(下)，中国法制出版社 1995 年版，第 642 页。

段。”[①] 不仅是美国、日本，各国法院在审查行政行为时都将成熟性原则作为重要审查因素。成熟性原则旨在避免法院过早进行裁判，既发挥司法对于行政的监督功能，又要给予行政权足够的尊重，充分保障行政权的有效行使。具体到法院针对会议纪要的审查，如果会议纪要的内容有关事实问题和法律问题并没有明确结论，当事人的权利义务仍处于待定状态，说明该行政行为仍属于内部行为、过程性行为和不成熟行为，不具备司法审查的前提条件。当会议纪要发展到足以对行政相对人的权利义务产生影响的阶段，即可认定将其纳入行政诉讼受案范围的时机已经成熟。

二、政府应当履行会议纪要确定的职责

（一）会议纪要属于政府履行法定职责的渊源

传统行政法将法定职责中“法”严格限定在成文法范围内。为了有效回应行政权的不断扩展和行政活动的日益复杂化现实，法定职责中“法”的外延被不断扩展。具体包括：（1）法律、法规、规章明确规定的履行义务。“职权法定”是现代行政法的基本原则，法律、法规、规章自然是行政主体履行法定职责的最主要来源。（2）规范性文件规定的履行义务。为了行政管理的需要，行政机关在法律法规授权的范围内制定大量可以反复适用的规范性文件。行政机关的这种自我约束契合给付国家时代对积极行政的需要。此类规范性文件也属于法定职责来源。（3）先行行为引起的履行义务。先行行为的义务是指行政机关因自己的行为导致产生一定危害结果的危险而负有采取积极措施防止危害结果发生的行政义务。对先行行为的审查不在于此行为是否违法，而在于先行行为产生的结果是否超出了合理的范围并且增加了行为

---

① 杨建顺：《日本行政法通论》，中国法制出版社 1998 年版，第 730 页。

之外的危险。[①]（4）基于行政协议、行政承诺等合意行为而产生的履行义务。随着服务政府、合作行政理念等新行政法理念的兴起，行政机关纷纷通过行政协议等推动公私合作治理。从行政相对人的信赖利益保护和“允诺禁止反言”的原则出发，行政机关据此作出的行政行为应当视为法定职责来源。（5）根据上级行政机关指令产生的义务。[②]司法审判实践中对此问题已基本形成共识。面对原告的诉求，若严格遵循法定职责的单一认定标准，往往难以找到与之吻合的法定职责条款，增加了法院对法定职责判断的难度。将法定职责的来源扩展至上述范围更有利于实现司法监督职能，更符合保护公民、法人和其他组织合法权益的诉讼目的。最高人民法院裁判要旨中指出：“‘法定职责’的渊源甚广，既包括法律、法规、规章规定的行政机关职责，也包括上级和本级规范性文件以及‘三定方案’确定的职责，还包括行政机关本不具有的但基于行政机关的先行行为、行政允诺、行政协议而形成的职责。”[③]将会议纪要等作为政府履行法定职责的来源既回应了公共行政的变迁，亦能满足司法实践需要，保护行政相对人的合法权益。会议纪要议定的事项由此转化为政府的法定职责。因此，政府应当遵循法定程序依法及时履行会议纪要确定的职责。

（二）政府基于信赖利益保护应当履行会议纪要确定的职责

会议纪要实质外化后成为对外发生法律效力的外部行政行为，由此具备了行政行为的效力内容，即具有公定力、确定力、拘束力和执行力。会议纪要议定的事项具有法定效力，一经作出就具有相对稳定性，非经法定事由和法定程序不得随意改变、撤

---

① 参见梁凤云：《新行政诉讼法逐条注释》，中国法制出版社 2017 年版，第 575 页。

② 参见最高人民法院行政审判庭编著：《最高人民法院行政诉讼法司法解释理解与适用》，人民法院出版社 2018 年版，第 425 页。

③ 参见最高人民法院（2018）最高法行再 205 号行政裁判书。

销或者否定其效力。会议纪要对于行政主体和行政相对人都具有拘束力，双方必须遵守，行政主体负有遵守承诺和保障其实现的义务。

诚信原则作为私法领域的“帝王条款”同样适用于行政法律关系。发轫于德国的信赖保护原则是诚信原则在行政法领域的具体体现，该原则对于保障人权、维护法的安定性、实现实质的行政法治等方面发挥着不可替代的作用。[①]信赖保护原则是指政府应当守信，不得随意变更行政行为或行政承诺。行政相对人基于对于政府的信任而取得的信赖利益应当予以保护。该原则源自法的安定性原理，要求行政机关的行政行为具有稳定性，不得朝令夕改，以维持正常法律秩序，保护行政相对人由此取得的信赖利益。信赖保护的适用需要具备以下条件：一是符合依法行政原则。根据《全面推进依法行政实施纲要》（国发〔2004〕10号）规定，诚实守信是依法行政原则的六项基本要求之一，属于依法行政原则之下的二级原则。政府作出承诺必须首先符合合法行政的要求，不得损害国家利益、公共利益和他人合法权益，否则承诺内容无效。因无效承诺造成利害关系人损失的，依法赔偿损失。二是具有信赖基础。即行政机关已经作出行政行为，这是信赖保护的前提和基础。三是具有信赖表现。行政相对人基于对行政机关的信任，在客观上从事了某种行为。四是信赖利益值得保护。行政相对人合法取得的信赖利益值得保护。反之，行政相对人采取欺诈、贿赂、提供虚假材料等方式取得的利益不予保护，行政机关超越法律规定给予行政相对人的非法利益不予保护。信赖保护原则要求行政行为具有明确性和可预测性。行政行为一经作出，即被推定有效。行政相对人基于行政机关的信任而取得的信赖利益应当受到保护。行政机关不得随意改变、撤销已经生效

① 参见张树义：《行政法学》，北京大学出版社2014年版，第35页。

的行政行为。如果行政机关违背承诺或者改变其行政行为，由此造成行政相对人损失的，应当承担相应责任。诚实守信是政府依法行政的基本要求，要在坚持依法行政的前提下信守承诺。政务诚信是社会信用体系建设的核心和关键，对于提升政府公信力，弘扬诚信文化，引领带动全社会形成诚实守信的良好氛围具有重大意义。政府基于诚实守信原则和信赖保护原则应当履行会议纪要所确定的职责，自觉履行该行政所课予的义务，以保障行政相对人对该行为的信赖利益。本案中，丙公司作为行政相对人，对专题会议纪要等产生信赖，这种信赖利益因其正当性应当受到保护，某市国土资源局应当对其进行安置。

三、有关会议纪要的履责之诉审查标准

政府及其工作部门未履行会议纪要议定的义务，构成不履行法定职责。在此情形下，当事人有权通过行政诉讼寻求救济。

《行政诉讼法》第十二条第一款第六项规定，申请行政机关履行保护人身权、财产权等合法权益的法定职责，行政机关拒绝履行或者不予答复的，公民、法人或者其他组织有权提起行政诉讼。认定不履行法定职责，需要满足以下四个要件：一是行政机关具有相应的法定职责；二是当事人具有实体法上的请求权基础，行政机关不履行法定职责侵害或者有可能侵害当事人的合法权益；三是当事人向行政机关提出请求；四是行政机关不作为，不答复也不履行义务。从大陆法系的法律规定来看，履责之诉从诉讼类型上分析属于课以义务诉讼。课以义务诉讼是一种经典的诉讼类型，指原告请求法院就行政机关的拒绝行为、停止作出行政行为作出特定的、具体的行政行为的诉讼类型。[①] 域外许多国家对课以义务诉讼予以明确规定。在德国，义务之诉是指原告要

① 参见梁凤云：《行政诉讼法司法解释讲义》，人民法院出版社 2018 年版，第 178 页。

求法院判决被告作出其拒绝作出或停止作出的行政行为，一般针对授益性行政行为提起义务之诉。义务之诉又可划分为对行政机关拒绝作出某行政行为的决定所提起的拒绝性决定之诉，对行政机关的不作为提起的不作为之诉以及要求法院判决行政机关对原告作出答复的答复之诉。[①] 德国提起课以义务之诉需要具有以下四个要件：一是被告适格。行政机关负有义务性。二是原告具有请求权基础。属于原告的主观权利（并非纯粹的经济利益或者法律反射）可能受到了被诉行政行为的侵害。原告可以引用一项法定请求权规范，而且该规范可证明原告就是可能的受益者。三是权利侵害。若原告对行政行为具有请求权，行政行为对原告所申请的行政行为的拒绝或停止行为具有违法性。行政机关的拒绝行为违反了某项支持请求权的法律规范，即属于违法。四是裁判时机成熟。作出履行判决之前需要裁判时机成熟，即所有事实和法律上的前提皆已具备。一般情况下，裁判时机是否成熟取决于行政机关。法院应当审查并且在必要时创造所有事实和法律上的条件，促使对法律纠纷的裁判时机成熟。[②]

《行政诉讼法》第七十二条规定，人民法院经过审理，查明被告不履行法定职责的，判决被告在一定期限内履行。《行政诉讼法司法解释》第九十一条规定："原告请求被告履行法定职责的理由成立，被告违法拒绝履行或者无正当理由逾期不予答复的，人民法院可以根据行政诉讼法第七十二条的规定，判决被告在一定期限内依法履行原告请求的法定职责；尚需被告调查或者裁量的，应当判决被告针对原告的请求重新作出处理。"法院如何确定行政机关履行法定职责的内容是履行判决中一个关键

---

① 参见［德］弗里德赫尔穆·胡芬：《行政诉讼法》，莫光华译，法律出版社 2003 年版，第 204~208 页。

② 参见［德］弗里德赫尔穆·胡芬：《行政诉讼法》，莫光华译，法律出版社 2003 年版，第 244、289、402、439、433 页。

问题。针对原告提出的履行法定职责的诉讼请求，基于行政诉讼权利保护有效性和彻底裁判原则，具体判决为首选方式。如果所有的事实和法律前提条件均已具备且行政机关无裁量余地，法院应当作出具体判决，直接判决行政机关在一定期限内作出原告所申请的行政行为。具体判决能够切实回应原告诉讼请求，减少当事人诉累，避免“程序空转”，实质化解行政争议，为行政相对人提供积极、有力、直接的保障机制。正如我国台湾学者所言，“由行政法院直接判决行政机关必须做成一定内容之行政处分，对当事人而言，可免去不精确之苦，也可防患行政机关假借事实调查而绝对反攻，从而就国家总体资源之配置而言系属有效设计。”[①] 倘若行政机关还有裁量空间，尚需行政机关进一步调查或者裁量的，表明裁判时机尚未成熟，法院应当尊重行政机关的“首次判断权”，作出答复判决，判决行政机关重新作出处理决定。本案中，会议纪要的内容明确具体，具有可执行性，国土资源部门未依法履行土地置换的职责。由于该块土地已经建设使用，土地置换的客观条件发生变化，法院应当作出具体裁判，判决行政机关履行土地置换的法定职责，以另外合理的土地与丙公司进行置换，或者以货币方式对其进行合理补偿。法院的判决方式具有局限性，不能直接替代行政机关作出行政行为，行政机关应当自觉履行生效判决。

法律法规链接

1.《中华人民共和国行政诉讼法》（2017 年 6 月 27 日第二次修正）

第二条第一款 公民、法人或者其他组织认为行政机关和行政机关工作人员的行政行为侵犯其合法权益，有权依照本法向人

---

① 章志远：《司法判决中的行政不作为》，载《法学研究》2010 年第 5 期。

民法院提起诉讼。

第十二条第一款第六项、第十二项 人民法院受理公民、法人或者其他组织提起的下列诉讼：

……

（六）申请行政机关履行保护人身权、财产权等合法权益的法定职责，行政机关拒绝履行或者不予答复的；

（十二）认为行政机关侵犯其他人身权、财产权等合法权益的。

……

第七十二条 人民法院经过审理，查明被告不履行法定职责的，判决被告在一定期限内履行。

2.《最高人民法院关于适用〈中华人民共和国行政诉讼法〉的解释》（2018年2月6日）

第一条第二款第五项、第十项 下列行为不属于人民法院行政诉讼的受案范围：

……

（五）行政机关作出的不产生外部法律效力的行为；

（十）对公民、法人或者其他组织权利义务不产生实际影响的行为。

第九十一条 原告请求被告履行法定职责的理由成立，被告违法拒绝履行或者无正当理由逾期不予答复的，人民法院可以根据行政诉讼法第七十二条的规定，判决被告在一定期限内依法履行原告请求的法定职责；尚需被告调查或者裁量的，应当判决被告针对原告的请求重新作出处理。

类案检索报告

一、检索工具：中国裁判文书网。

二、关键词：会议纪要、法定职责；筛选条件：案件类型——行政案件；法院层级——最高人民法院。

三、检索结果：检索关键词“会议纪要”“法定职责”，共检索出 237 件，经过筛选与案例相类似度较高的案件共 4 件。

四、类案文书：

序号	案件名称	案由	案号
1	营口小雨房地产开发有限公司诉辽宁省营口经济技术开发区管理委员会不履行法定职责案	请求按照会议纪要履行给付置换土地职责	（2019）最高法行申 8477 号
2	王某某等诉辽宁省沈阳市人民政府不履行法定职责案	请求履行会议纪要职责	（2018）最高法行申 1589 号
3	福建省长乐市坤元房地产开发有限公司等诉福州市长乐区人民政府不履行法定职责案	不履行法定职责	（2018）最高法行再 205 号
4	河南和谐置业有限公司等诉郑州市国土资源局、郑州市人民政府不履行法定职责案	不履行法定职责	（2018）最高法行再 126 号

（撰写人：李小梅、申静[①]）

① 时任最高人民法院第四巡回法庭研修学者，河北大学法学院副教授。

7. 债权人的行政诉讼原告资格的认定

案情摘要

甲公司与乙厂签订合同，约定由甲公司承建乙厂厂房等建筑工程，乙厂欠甲公司部分工程款未支付。后乙厂申请破产，甲公司向破产清算组申报债权并主张优先受偿权。破产清算组以书面形式通知甲公司，确认其债权数额，但以其行使优先受偿权超过法定期限且主张的相关证据系伪证为由确认其不享有优先受偿权。后法院裁定宣告终结乙厂破产程序，未得到清偿的债权不再清偿。甲公司对乙厂享有的债权在破产程序中未获清偿。乙厂破产前，曾向市房管局申请办理相关不动产登记。乙厂在资产剥离办理房产抵押过程中，只有建筑工程临时许可证，但市房管局根据市政府的批示进行审批后同意先办理房产证，有关手续后续补办。此后，由甲公司承建的相关不动产登记在房产证下。其后，该房产证所对应的房产办理多次转移登记，现产权人是丙公司，该房产证已于乙厂破产程序终结后被市房管局收回作废。多年后，甲公司获知该房产证登记信息，以市房管局违法给乙厂办理房屋所有权初始登记侵犯其对乙厂享有的工程价款优先受偿权为由，向法院提起本案诉讼，请求撤销市房管局对乙厂作出的房屋所有权初始登记。

法律问题

债权人就债务人的房屋行政登记行为提起行政诉讼的，是否具有原告资格？

不同观点

甲说：无利害关系说

债权人原则上不具有原告资格，只有在行政机关作出行政行为时依法应予保护或者应予考虑的情况下除外。行政机关对债务人作出行政行为后，债权人如果认为该行为对债权行使有不利影响的，通常情况下不具有提起行政诉讼的原告资格。即，通常情况下，行政机关在进行特定领域的管理活动时，法律不会要求其因相对人的负债而赋予其债权人对相关行政行为的原告资格。

乙说：有利害关系说

违法行政行为影响债权人债权的实现，债权人与该行政行为有利害关系。行政机关在作出颁证行为时，对可能影响他人合法权益实现的法律后果应当考虑和有所预见。违法颁证行为直接影响债权人的合法权益，债权人对该颁证行为有权依法提起行政诉讼。

法官会议意见

采甲说

由债权的相对性所决定，一般情况下，债权人不具有

基于其债权针对行政机关对债务人所作的行政行为提起诉讼的原告资格。《行政诉讼法司法解释》第十三条规定，债权人以行政机关对债务人所作的行政行为损害债权实现为由提起行政诉讼的，人民法院应当告知其就民事争议提起民事诉讼，但行政机关作出行政行为时依法应予保护或者应予考虑的除外。建筑工程施工单位因法定的工程价款优先受偿权，原本与行政机关针对建筑物的违法颁证行为具有利害关系，有权依法提起行政诉讼。但是，因破产过程中人民法院以其行使优先受偿权超过法定期限且主张的相关证据系伪证为由确认其不享有优先受偿权。之后，施工单位以普通债权人身份对行政机关给其施工建设的建筑物颁发产权证书的行为不具有原告资格。

《最高人民法院关于审理房屋登记案件若干问题的规定》第四条规定："房屋登记机构为债务人办理房屋转移登记，债权人不服提起诉讼，符合下列情形之一的，人民法院应当依法受理：（一）以房屋为标的物的债权已办理预告登记的；（二）债权人为抵押权人且房屋转让未经其同意的；（三）人民法院依债权人申请对房屋采取强制执行措施并已通知房屋登记机构的；（四）房屋登记机构工作人员与债务人恶意串通的。"在没有明确法律规定的情形下，则应当根据相应的法律精神予以判断，如行政机关作出行政行为时，债权人已经确定且存在合法权益需要保护，行政机关依法可以且应当查明债权人情况，以及行政行为的作出可能损害债权人的合法权益等情况。

意见阐释

一、债权人行政诉讼原告资格认定的标准

依据《行政诉讼法》第二十五条第一款规定，“行政行为的相对人以及其他与行政行为有利害关系的公民、法人或者其他组织，有权提起诉讼”。在我国现行行政诉讼制度中，具备原告资格的主体可分为两类：一是行政行为的相对人；二是与行政行为有利害关系的人。通常情况下，行政行为的相对人总是有诉权的，因为一个不利行政行为给他造成的权利侵害之可能显而易见。但是，受到行政行为影响的利害关系人的原告资格往往不易判断。从我国制定法及司法解释的规定看，行政诉讼原告资格经历了从“直接利害关系”标准[①]、“行政相对人”标准[②]、“法律上利

---

① 根据1980年《中外合资经营企业所得税法》第十五条规定，作为纳税义务人的合营企业具有提起行政诉讼的原告资格。但审理行政案件适用何种诉讼程序并无法律规定。1982年《民事诉讼法（试行）》第三条第二款规定：“法律规定由人民法院审理的行政案件，适用本法规定。”这为法院审理行政案件提供了诉讼法的依据。由此可以推断，在《行政诉讼法》实施之前的阶段，行政诉讼原告资格与民事诉讼原告相同，即《民事诉讼法（试行）》第八十一条第一款第一项规定的“原告是与本案有直接利害关系的个人、企业事业单位、机关、团体”。这个时期《最高人民法院公报》公布的判例也可以佐证这一点。

② 1989年《行政诉讼法》第四十一条第一项规定：“原告是认为具体行政行为侵犯其合法权益的公民、法人或者其他组织。”

害关系”标准①到“利害关系”标准②的演变。行政诉讼原告资格的范围呈现出一个不断拓宽的趋势，行政诉讼原告资格判断标准从主观转向客观，与法治国家发展和权利保护需求相适应，符合实质法治的精神。

债权人是否具有原告资格的问题，既是实践中比较常见的疑难问题之一，也是原告资格标准中较难以把握的部分。2018 年《行政诉讼法司法解释》第十三条规定：“债权人以行政机关对债务人所作的行政行为损害债权实现为由提起行政诉讼的，人民法院应当告知其就民事争议提起民事诉讼，但行政机关作出行政行为时依法应予保护或者应予考虑的除外。”上述条款是对债权人原告资格的专门规定，即原则上债权人不具有原告资格，仅在例外情况下承认其原告资格。虽然《行政诉讼法司法解释》第十三条提供了判断标准，但留下的判断余地仍然较大，法律适用也存在一定的不确定性。

二、普通债权人原则上不具有原告资格

司法实践中，有的债权人认为行政机关的行政行为影响了其债权实现，常常对此提起行政诉讼。例如，债权人认为行政机关的罚款决定导致被处罚人（其债务人）无法履行债务，或承租人认为行政机关作出的征收房屋决定影响了其租赁权等。尽管债权是法律明确规定的一项权利，而且行政行为不利于债权行使的情形也的确会出现，但通常情况下，行政机关在进行特定领域的管理活动时，法律不会要求其因行政相对人的负债情况而有异于正

① 1999 年通过的《执行解释》第十二条规定：“与具体行政行为有法律上利害关系的公民、法人或者其他组织对该行为不服的，可以依法提起行政诉讼。”

② 2014 年修正的《行政诉讼法》第二十五条第一款规定：“行政行为的相对人以及其他与行政行为有利害关系的公民、法人或者其他组织，有权提起诉讼。”

常处理。

这是因为，债权人与债务人之间形成的债权债务关系属于民事法律关系，行政机关作出行政行为与相对人（债务人）之间形成行政法律关系，债权实现与否与行政机关的行政行为之间并不存在必然联系。故一般情况下，债权人不具有针对行政机关对相对人（债务人）所作的行政行为提起诉讼的原告资格。况且，债权属于私法范畴，通常不受具有公法性质的行政规范保护，债权人主张债权应通过民事诉讼途径获得救济。《行政诉讼法司法解释》第十三条关于“行政机关作出行政行为时依法应予保护或者应予考虑的除外”的规定，属于有限地承认债权人原告资格的例外情形。本案中需要审查的争议焦点是，行政机关在进行不动产登记时，是否需要将登记申请人的负债情况纳入审核范围，即登记申请人的对外债务是否属于不动产登记时行政机关应予考虑的范畴。同时还需要考虑，起诉时原告是否对不动产享有区别于其他债权人的优先受偿权。

三、债权人在特定情形下具有原告资格

在行政诉讼中，判定债权人是否属于《行政诉讼法司法解释》第十三条但书规定的例外情形，需要参酌相关法律法规及司法解释的规定。比如，《最高人民法院关于审理房屋登记案件若干问题的规定》第四条规定的四种情形：（1）以房屋为标的物的债权已办理预告登记的；（2）债权人为抵押权人且房屋转让未经其同意的；（3）人民法院依债权人申请对房屋采取强制执行措施并已通知房屋登记机构的；（4）房屋登记机构工作人员与债务人恶意串通的。当存在该四种情形之一时，房屋登记机构为债务人办理房屋转移登记，债权人对该转移登记行为不服提起诉讼的，人民法院应当依法受理。上述规定说明，在债权人已经依循法定方式对债务人相关财产权施以限制的情况下，行政机关作出房屋

转移登记行为时，应当预见到该行为可能对债权实现产生不利影响。此时行政机关应当对债权人的利益予以保护，并对是否作出相应行政行为慎重考虑。若行政机关未予以保护或考虑即作出房屋转移登记行为，债权人有权对该转移登记行为提起行政诉讼，故此时特定债权人具有原告资格。

在北京国联裕丰投资管理有限公司与武汉市住房保障和房屋管理局行政登记案[①]中，“裕丰公司因受让取得案涉债权及抵押权，虽然裕丰公司承继该民事权利的民事行为发生在本案被诉行政行为作出之后，但因被诉行政行为与裕丰公司具有直接利益关系，故裕丰公司与被诉行政行为之间存在利害关系。因此，裕丰公司具有本案原告主体资格。根据有关法律、法规规定，抵押权仅因主债权消灭、抵押权已经实现、抵押权人放弃抵押权和抵押物灭失等法定事由而消灭。在建工程竣工后，抵押人和抵押权人未按照《城市房地产抵押管理办法》《房屋登记办法》的相关规定重新办理房地产抵押登记，并不必然导致抵押权消灭。”湖北高院认为，除非武汉市房管局能够提供证据证明其作出被诉行政行为即办理案涉房屋所有权转移登记时，该房屋的抵押权已消灭或者抵押关系已解除，否则仅仅凭借案涉房屋所有权登记信息中记载的房屋抵押状态显示为“无”，即认定该房屋没有设定抵押则存在失职，应当承担这一行政行为带来的不良影响。在该案中，虽然三级法院对于是否支持原告诉讼请求存在争议，但均认为原告受让建设银行武汉市分行对同昌公司享有的债权及抵押权，符合《最高人民法院关于审理房屋登记案件若干问题的规定》第四条第二项规定的情形，其与被诉房屋转移登记行为具有利害关系，具备原告资格。此案情况即属于《行政诉讼法司法解释》第十三条但书部分“行政机关作出行政行为时应予保护或者

① 参见（2016）鄂7101行初6号、（2016）鄂71行终2号、（2017）鄂行申233号行政裁判书。

应予考虑”而未慎重考虑导致债权人权益受损之情形，债权人可以作出行为的行政机关为被告提起行政诉讼。

四、债权人与行政行为之间利害关系的厘定

准确把握“利害关系”的实质标准才能够在纷繁复杂的现象面前不迷失。判断是否具有利害关系，原告需要具备如下几个条件：一是原告主张的必须是权利或者类似权利的利益；二是该权益归属于原告，如果原告主张的利益属于他人，或者属于公共利益，也不宜承认其与行政行为之间具有利害关系；三是权益损害可能性必然存在而非主观臆想，虽然在立案阶段并不要求权益受到行政行为侵害的结果已经实际发生，但从原告的主观层面看其受损可能性是可以预见的；四是原告主张的权益受到行政法律规范的保护，即原告所主张的利益从规范或者目的来看，属于行政机关在作出行政行为时应予保护或考虑的范畴。

具体到房屋登记管理类案件中，若要肯定债权人的行政诉讼原告资格，则需判断房屋登记管理机关的登记行为对债权人是否产生实际影响。《民法典》第二百零九条规定，不动产物权的设立、变更、转让和消灭，经依法登记，发生效力；未经登记，不发生效力，但是法律另有规定的除外。故包括所有权、担保物权等在内的不动产物权变动，均需由行政机关通过登记程序予以确认。债权人对这一行政确认程序是否有权提起行政诉讼，在司法实践中确实存在争议。

本案中，判断债权人甲公司是否具有利害关系的关键在于，甲公司所主张的利益是否属于房屋登记机关在作出初始登记或者转移登记行为时需要予以保护或考虑的范畴。在这个意义上，既要明确甲公司主张因行政机关何种行为而导致自身何种权益受到侵犯，也需判断行政机关在进行房屋登记时是否尽到了审慎审查义务。

本案债权人甲公司主张受损的权利属于何种利益。甲公司认为，根据《城镇房屋所有权登记暂行办法》《城市房屋权属登记管理办法》的相关规定，新建房屋办理所有权登记需要先办理竣工手续，并且需要提交相应的有关证明文件。债务人乙厂在申请办理涉案房屋产权证书时，没有提交建设工程规划许可证、施工许可证及房屋竣工验收资料等相关文件，而市房管局在乙厂未提交上述文件资料的情况下，仅根据有关批示即为其办理相关房屋产权证书，系作出的行政行为缺乏主要证据，违反了相关法律法规规定。甲公司承建的建设工程由市房管局违法进行了初始登记，后该房产又办理了抵押登记，抵押债权人因此具有优先受偿权，市房管局的违法登记颁证行为直接影响甲公司工程款债权的实现。甲公司因此认为，市房管局违法给乙厂颁发涉案房产证，导致其债权无法实现。根据审理查明的事实，甲公司主张工程价款优先受偿权，且认为因涉案房屋办理初始登记后又抵押给他人，造成其债权无法实现的后果。因此可以得出的结论是，甲公司与乙厂之间属于债权债务关系，因乙厂进入破产程序，该债权已在破产程序中进行申报和处理，无论其债权性质属于优先债权抑或普通债权，均应在破产程序中予以确认并清偿，若其没有获得清偿，亦应根据《企业破产法》规定的相应程序主张债权。

本案债权人甲公司主张，根据《城镇房屋所有权登记暂行办法》《城市房屋权属登记管理办法》的相关规定，新建房屋办理所有权登记需要先办理竣工手续，并且需要提交相应的有关证明文件。债务人乙厂在申请办理涉案房屋产权证书时，没有提交建设工程规划许可证、施工许可证及房屋竣工验收资料等相关文件，而市房管局在乙厂未提交上述文件资料的情况下，仅根据有关批示即为其办理相关房屋产权证书，系作出的行政行为缺乏主要证据，违反相关法律法规规定。甲公司承建的建设工程由市房管局违法进行了初始登记，后该房产又办理了抵押登记，抵押债权人因此具有优先受偿权，市房管局的违法登记颁证行为直接影响甲公司工程款债权的实现。甲公司因此认为，市房管局违法给乙厂颁发涉案房产证，导致其债权无法实现。仅从上述道理看，依法对建筑工程享有优先受偿权的施工单位，对于行政机关的违法颁证行为，依法享有原告资格，理由是成立的。但是，根据审理查明的事实，甲公司主张工程价款优先受偿权，且认为因涉案房屋办理初始登记后又抵押给他人，造成其债权无法实现的后果，但因乙厂进入破产程序，破产程序中人民法院已经否定其优先权，破产程序结束之后，提起对违法颁证行为提起行政诉讼，其债权债务已经在破产程序中终结，更不再对建筑物享有优先受偿权。因此，甲公司提起行政诉讼时，与被诉颁证行为不具有利害关系，没有原告资格。

法律法规链接

1.《中华人民共和国民法典》（2020 年 5 月 28 日）

第二百一十二条 登记机构应当履行下列职责：

（一）查验申请人提供的权属证明和其他必要材料；

（二）就有关登记事项询问申请人；

（三）如实、及时登记有关事项；

（四）法律、行政法规规定的其他职责。

申请登记的不动产的有关情况需要进一步证明的，登记机构可以要求申请人补充材料，必要时可以实地查看。

2.《中华人民共和国行政诉讼法》（2017 年 6 月 27 日第二次修正）

第二十五条 行政行为的相对人以及其他与行政行为有利害关系的公民、法人或者其他组织，有权提起诉讼。

有权提起诉讼的公民死亡，其近亲属可以提起诉讼。

有权提起诉讼的法人或者其他组织终止，承受其权利的法人或者其他组织可以提起诉讼。

人民检察院在履行职责中发现生态环境和资源保护、食品药品安全、国有财产保护、国有土地使用权出让等领域负有监督管理职责的行政机关违法行使职权或者不作为，致使国家利益或者社会公共利益受到侵害的，应当向行政机关提出检察建议，督促其依法履行职责。行政机关不依法履行职责的，人民检察院依法向人民法院提起诉讼。

第四十九条 提起诉讼应当符合下列条件：

（一）原告是符合本法第二十五条规定的公民、法人或者其他组织；

（二）有明确的被告；

（三）有具体的诉讼请求和事实根据；

（四）属于人民法院受案范围和受诉人民法院管辖。

3.《最高人民法院关于适用〈中华人民共和国行政诉讼法〉的解释》（2018年2月6日）

第十三条 债权人以行政机关对债务人所作的行政行为损害债权实现为由提起行政诉讼的，人民法院应当告知其就民事争议提起民事诉讼，但行政机关作出行政行为时依法应予保护或者应予考虑的除外。

4.《最高人民法院关于审理房屋登记案件若干问题的规定》（2010年11月5日）

第四条 房屋登记机构为债务人办理房屋转移登记，债权人不服提起诉讼，符合下列情形之一的，人民法院应当依法受理：

（一）以房屋为标的物的债权已办理预告登记的；

（二）债权人为抵押权人且房屋转让未经其同意的；

（三）人民法院依债权人申请对房屋采取强制执行措施并已

通知房屋登记机构的；

（四）房屋登记机构工作人员与债务人恶意串通的。

5.《不动产登记暂行条例》（2019年3月24日修订）

第十九条 属于下列情形之一的，不动产登记机构可以对申请登记的不动产进行实地查看：

（一）房屋等建筑物、构筑物所有权首次登记；

（二）在建建筑物抵押权登记；

（三）因不动产灭失导致的注销登记；

（四）不动产登记机构认为需要实地查看的其他情形。

对可能存在权属争议，或者可能涉及他人利害关系的登记申请，不动产登记机构可以向申请人、利害关系人或者有关单位进行调查。

不动产登记机构进行实地查看或者调查时，申请人、被调查人应当予以配合。

类案检索报告

一、检索工具：北大法宝——司法案例。

二、筛选条件：《最高人民法院关于适用〈中华人民共和国行政诉讼法〉的解释》第十三条的适用；法院级别——最高人民法院。

三、检索结果：共检索出8件行政案件。

四、类案文书：

序号	案件名称	案由	案号
1	钟某锋、邱某玉再审审查与审判监督案	行政批复	（2020）最高法行申6673号
2	侯某丹与辽宁省营口市自然资源局土地行政登记案	土地登记	（2019）最高法行申14460号

（续表）

序号	案件名称	案由	案号
3	宁波高登控股有限公司诉泗阳县人民政府土地行政管理案	土地行政管理	（2017）最高法行申 8467 号
4	谷某寿与江苏省南京市人民政府等其他行政管理案	土地行政管理	（2019）最高法行申 3593 号
5	沈某伟等与云南省保山市隆阳区公安消防大队其他消防再审案	其他消防行为	（2018）最高法行申 9375 号
6	张某宝与陕西省子长县道路运输管理所道路许可再审案	道路运输行政许可	（2018）最高法行申 9704 号
7	强某宁与陕西省子长县道路运输管理所道路许可再审案	道路运输行政许可	（2018）最高法行申 9752 号
8	杨某铎与广东省博罗县人民政府土地登记再审案	土地行政登记	（2018）最高法行申 2823 号

（撰写人：于泓）

8. 投诉举报人的行政复议申请主体资格的认定

案情摘要

A公司与B公司签订协议书，约定共同合作开发某一房地产项目，开发过程中双方因投资问题产生纠纷并提起民事诉讼，生效民事判决认定B公司与A公司系合作合同关系，判决解除协议书并解除合作合同关系，A公司向B公司支付相应资金并赔偿损失。因A公司未能履行生效民事判决，B公司申请法院强制执行，但A公司名下无财产可供执行，执行尚未到位。执行期间，A公司在未办理相关手续的情况下开工建设，市城乡规划局及相关部门曾作出责令整改通知、停工通知并进行查处，但A公司仍然建设并预售房屋。B公司向市城乡规划局投诉，认为A公司未经许可建设并低价出售房屋，侵犯了其在上述民事生效判决中确定的合法权益，请求查处A公司违法建设行为，市城乡规划局未予以理会。B公司申请复议，复议机关市政府认为B公司与申请事项没有利害关系，作出不予受理复议决定。B公司提起行政诉讼，请求撤销被诉不予受理复议决定。

法律问题

房屋项目开发合作人以项目开发人违法建设房屋并销售为由向城乡规划部门投诉举报，就城乡规划部门不履行查处职责行为是否具有行政复议主体资格？

不同观点

甲说：具有行政复议申请主体资格

根据《行政诉讼法司法解释》第十二条第五项的规定，项目参与人为维护自身合法权益向行政机关投诉举报项目公司违法行为，行政机关作出或未作出处理的，项目参与人与该行政行为有利害关系，具有原告资格，亦具有行政复议申请人资格。

乙说：不具有行政复议申请主体资格

项目参与人与项目公司之间的利益纠纷，已经通过民事救济途径解决。项目参与人与项目公司之间的合作关系被依法解除，执行中双方的债权债务关系变成为普通债权债务关系，项目参与人并非为维护自身合法权益，而是为了泄私愤，举报项目公司的违法建设行为的，其与有管辖权的行政机关查处或不予查处行为没有利害关系，不具有行政诉讼原告和行政复议申请人的资格。

法官会议意见

采乙说

投诉人为维护自身合法权益向有管辖权的行政机关投诉举报公民、法人或者其他组织的行政违法行为，不服相关职能部门不履行行政处理法定职责或者作出的处理决定

的，与行政机关的处理或者不处理行为有利害关系。为此，项目参与人为维护自身合法权益、确保投资安全，向有管辖权的行政机关投诉举报项目公司违法建设行为，有管辖权的行政机关不履行处理的法定职责或者未作出处理，项目参与人不服的，与该处理或者不处理行为有利害关系。但是，项目参与人与项目公司之间的民事纠纷已经通过法定救济途径解决，双方的合作关系被解除，变为普通债权债务关系后，项目参与人为泄私愤举报项目公司的违法建设行为，有管辖权的行政机关作出处理或不予处理决定，项目参与人不服申请复议或者提起诉讼的，与相关行政行为没有利害关系，不具有复议申请人和原告资格。

意见阐释

一、行政复议和行政诉讼中的利害关系

《行政诉讼法》第二十五条规定，行政行为的相对人以及其他与行政行为有利害关系的公民、法人或者其他组织，有权提起诉讼。《行政复议法》第十条、《行政复议法实施条例》第二十八条第二 项亦规定了复议申请人的主体资格。

从立法规定看，我国《行政诉讼法》对原告主体资格从权利、合法权益到法律上的利害关系再到利害关系的转变，是一个逐步放宽的过程。《执行解释》中明确了与具体行政行为有法律上利害关系的公民、法人或者其他组织对该行为不服的，可以依法提起行政诉讼。但由于法律上的利害关系是否包括事实行为，是否包括反射利益、可期待利益等，仍然存在争议，2014 年修正的《行政诉讼法》第二十五条明确提出了以利害关系作为判断标准，不局限于法律上的利害关系。对于利害关系的认定问题，有

多种分析和理解。[①] 利害关系通常需要考量以下几个方面：第一，结合立法目的看，利害关系既包括制定法所确认和保护的权利，也包括法律原则等所保护的正当利益，也就是说对于所要保护的权利，并不局限于《行政诉讼法》和行政法律规范明确规定的范围。第二，既包括合法行为产生的利益，也不完全排除违法行为中包括的合法权益，通常情况下，违法行为不应受到保护，但如果违法行为中同时存在可保护的合法权益，如违法建设本身不具有合法性，但是违法建设中的动产财产、建筑材料、可重复利用的设施等，仍然属于可保护的合法权益，不应排除在外。第三，利害关系保护影响到公民、法人或者其他组织的权利义务，即必须是以保护个人合法利益为目的，而非为实现公共利益加以规定，关于公益诉讼问题，目前，《行政诉讼法》尚未对公民个人提起公益诉讼作出明确规定。第四，利害关系对权利义务的影响与行政行为之间具有直接的关联性，而不包括因行政行为的间接关联而影响的权利义务。第五，利害关系应当是基于公法即行政法律规范、法律原则等确定的权利义务关系，且必须通过行政复

① 胡建淼教授认为：一是公民、法人或者其他组织成为所诉行政行为的直接对象，从而使它们的权利义务直接受到影响；二是虽然公民、法人或者其他组织不构成行政行为的直接对象，但该行政行为的过程或结果，以及该行政行为成立、变更或者消灭，与该公民、法人或者其他组织的权利与义务发生了法律上或者事实上的关联，造成了实际的影响；三是利害关系还应当包括相对人受到所诉行政行为的“潜在影响”。所谓“潜在影响”，是指所诉行政行为对公民、法人或者其他组织权利义务的影响不具有显现的作用，但具有“潜在”的作用。这种作用现在还不够明晰，但以后会日益明显。参见胡建淼：《行政诉讼法学》，法律出版社2019年版，第247页。何海波教授认为，无论是“权利”“合法权益”还是“利害关系”，都有相当大的解释空间，作为起诉条件的利害关系不限于法律法规规定的利益，也不限于在法律法规条文中能够找到依据的利益。参见何海波：《行政诉讼法》，法律出版社2022年版，第201页。

议、诉讼途径解决实体争议。若基于私法上的利害关系引起的纠纷，已经通过民事途径明确了权利义务的，则不属于行政诉讼、行政复议保护的范畴。当然，行政机关作出行政行为时依法应予保护或者应予考虑的除外。如基于私法中的债权债务、婚姻关系提起行政诉讼、行政复议，通常不属于保护的范畴，《行政诉讼法司法解释》第十三条就债权人的主体资格作了明确规定。但是基于物权关系提起的行政诉讼、行政复议在很多情况下也因具有利害关系而纳入复议、诉讼的保护范围。《行政诉讼法司法解释》第十二条第一项规定了相邻权人与行政行为有利害关系。对于相邻权人，之所以认可其具有利害关系，主要原因有两个：一是行政机关在作出行政许可、行政批准时通常需要考虑相邻权人的合法权益如通行、通风、采光等权利；二是双方因相邻权发生纠纷后通过民事诉讼解决争议过程中，对方有行政机关作出的行政许可、行政批准等行政行为，相邻权纠纷在民事诉讼中难以得到解决，而必须通过行政诉讼对行政行为的合法性加以审查。如果行政法律规范没有规定行政机关在作出行政行为时应当考虑相关主体的权益，则行政机关与该主体之间不能形成行政法律关系，该主体与行政行为之间没有利害关系。

二、投诉举报案件中的投诉举报人与投诉举报的事项的利害关系

关于合同合作关系权利人与投诉举报查处自己参与合作的项目的违法行为是否有利害关系，要判断其所请求保护的权益是基于何种法律规范以及对该权益的保护是否必须通过行政复议、诉讼的途径。

《最高人民法院关于举报人对行政机关就举报事项作出的处理或者不作为行为不服是否具有行政复议申请人资格问题的答复》[（2013）行他字第 14 号] 指出：“举报人为维护自身合法

权益而举报相关违法行为人，要求行政机关查处，对行政机关就举报事项作出的处理或者不作为行为不服申请行政复议的，具有行政复议申请人资格。”最高人民法院发布的第 77 号指导案例明确：“举报人就自身合法权益受侵害向行政机关举报的，与行政机关的举报处理行为具有法律上的利害关系，具备行政诉讼原告主体资格。”《行政诉讼法司法解释》第十二条第五项规定，为维护自身合法权益向行政机关投诉，具有处理投诉职责的行政机关作出或者未作出处理的，属于《行政诉讼法》第二十五条第一款规定的“与行政行为有利害关系”。投诉举报系基于维护自身合法权益是判断投诉举报人与被诉行政行为是否具有利害关系的核心，无论是复议还是诉讼，只有基于维护自身合法权益这个核心目的，才属于与行政行为有利害关系。而自身合法权益的判断可以从两个方面进行衡量：一是是否具有诉的利益，即是否应当通过行政诉讼保护其利益；二是从保护规范理论考察是否具有可保护的权利，是否属于行政法规范保护的范围。

（一）诉的利益

诉的利益最早源于大陆法系民事诉讼，主要在于给付之诉中，后来被引入行政诉讼。诉的利益一般归属于主观诉讼的范畴，德国、日本等国家推崇较多。诉的利益更为强调的是维护自身的权利，而不同于法国行政法中的客观诉讼特别是完全管辖之诉，客观诉讼强调的是对法律秩序客观上的维护，因而范畴相对更广，包含公益诉讼等，对原告的主体资格限定亦不如主观诉讼多。

如我国台湾地区的“行政诉讼法”按照诉讼类型的划分，对诉的利益的概念进行了界定。“行政诉讼法”上的撤销诉讼，系属于主观的诉讼，以保护人民的权益为主要目的。“倘若人民并无遭受权益的侵害，则不得提起行政诉讼。要求必须有诉之利益，理由有二：一是行政法院为维持其正常的机能，真正以司法的裁判解决纷争，达到保障民众自己的权利或利益的救济为目的。如民众非为救济自己的权益而提起行政诉讼，除相关规定所定之公益诉讼等特殊情形外，原则上行政法院即无裁判必要。且作为撤销对象之行政处分，虽加以撤销，而于客观上已不可能回复原状或丧失其实际上意义时，亦已无提起撤销诉讼的必要实益。二是防止不当的滥诉，保护相对人及其他利害关系人之权益，免于因滥诉而需耗费人力物力应诉的困扰，以确保行政机关顺畅运作，因此，行政诉讼有必要限于政策维护自己权益之人始得提起，至于其他不相干之人，则无必要提起无意义之诉讼，以免相对人蒙受应诉之负担。”[①] 课予义务之诉中，诉的利益需要审查的系原告的请求权基础，对于课予义务行为的消极不作为之行为提起诉讼或复议时，需要审查申请人是否有请求权发生的基础，这种请求权的基础可能是法律法规规定、法律的基本权利、行政机关的承诺或因约定负有的义务，申请人请求行政机关就特定事项作出行政处分，行政机关作出或者不作出行政行为，申请人对该行为不服的，依法具有提起复议或诉讼的请求权基础，具有诉讼或复议的利益。[②]

从我国《行政诉讼法》规定看，我国的行政诉讼更接近于主观诉讼，更多强调的是对自身合法权益的保护，虽然在公益诉讼方面逐步有所放开，但目前仅限于环境保护、消费者权益保护等方面的公益诉讼，且原告主体资格仍然有严格的限定，并未完全放开至所有公民。

在投诉举报类案件中，投诉举报人与投诉举报的事项是否有利害关系，要判断其是否有诉的利益，即只有基于维护自身合法权益的投诉，才属于与行政行为有利害关系。一方面，投诉举报人应当有区别于其他人的可保护的特别权益；另一方面，投诉举

① 陈清秀：《行政诉讼法》，法律出版社 2016 年版，第 238 页。

② 参见陈清秀：《行政诉讼法》，法律出版社 2016 年版，第 188~191 页。

报人应当是基于维护自身合法权益而非基于公益或其他原因。一般而言，若项目合作开发人对合作开发的项目违规建设、违规出售等行为投诉举报，认为与其共同合作开发的另一方未经许可擅自建设、擅自出售的违法行为会使得共同投资行为产生违法的重大风险进而侵犯其合法权益，则可以通过投诉举报的行为寻求救济。这是因为，未经许可违规建设房屋，客观上也可能对合作开发人的合法权益造成影响，合作开发人通过投诉举报的方式防止违法行为的发生，防止损失的进一步扩大，属于对自身合法权益的保护。

若合作开发人之间存在投资开发纠纷，生效民事判决已经解除合作开发关系并且明确了双方的权利义务，因为民事判决未能履行合作开发人转而投诉举报并认为低价出售侵犯其合法权益，其目的是希望通过城乡规划部门对该违法行为查处进而获得赔偿。但是因为其合法权益已经有民事生效判决予以确认，再行通过投诉举报途径主张权益，并不能解决其民事纠纷，不属于为了维护自身合法权益进行的投诉举报。故此，生效民事判决确认了权利义务关系的情况下，项目合作开发人的诉的利益不能通过投诉举报途径实现，在行政复议及行政诉讼中不具有诉的利益。

（二）保护规范理论

保护规范理论源于德国，保护规范理论强调两个重要因素：一是根据法律可以清楚界定的潜在原告人的范围；二是规范的目的，至少也必须是旨在保护原告的。[①] 如果一个强行法规（由此产生行政机关的法律上义务）不仅为公共利益，而且至少也为个别民众的利益之目的加以规定时，则可承认公法上权利存在。判断标准在于系争法规的“保护目的”或“法律目的所保障之利益”，故学者称之为“保护规范说”或“保护目的理论”。与之相

---

① 参见［德］弗里德赫尔穆·胡芬：《行政诉讼法》，莫光华译，法律出版社 2003 年版，第 252 页。

关的一个重要概念就是反射利益，反射利益不同于公权力产生的直接影响，故不被认定为公权力保护的范畴。反射利益系指个人因公法规范而获得之事实上利益，该个人不能单独对行政机关有所请求。亦即客观的法规基于公益的目的，命令行政主体作为或不作为时，就该单纯的反射效果，个人事实上所享受的利益，因法律相关规定未赋予该个人得为裁判上主张自己利益的请求权，而只是一种事实上的期待与机会而已，故与公权力不同。[①] 故反射性利益仅仅是在维护公共利益的同时客观上给私人带来的一定的利益，而非直接保护私权利实现的利益。德国法关于保护规范领域的规定，更加明确了反射性利益并不属于行政诉讼保护范围，区分了民事诉讼和行政诉讼的必要分工，认为民事侵权领域的纠纷应首先通过民事救济获得解决，私法上的利害关系，并不属于被告作出行政行为时需要考虑和保护的法律上的利益，故原告诉称的被侵害利益应选择民事诉讼途径解决。[②]

在我国，《行政诉讼法》强调的利害关系以及行政诉讼所保护的合法权益，应当是通过行政法律规范即公权力加以保护的权益，而非通过民事途径或其他途径等私法上的权利予以保护，即行政机关的行政行为对投诉人权益的影响应当具有直接关联性，因与行政行为的间接关联而对投诉人权益产生影响的，投诉人原则上不具有利害关系。[③]

---

① 参见陈清秀:《行政诉讼法》，法律出版社 2016 年版，第 258~262 页。

② 参见赵宏:《保护规范理论在举报投诉人原告资格中的适用》，载《北京航空航天大学学报(社会科学版)》2018 年第 5 期。

③ 当然，亦有观点认为，不宜将利害关系限缩为“一般也仅指公法上的利害关系”，从而一律否定所谓反射利益受到影响的公民、法人或者其他组织的行政复议申请人资格和行政诉讼原告资格。以法的宗旨或目的为依据来区分法律保护的利益和反射性利益，将其作为行政行为合法性的判断基准，这是正确的方法论。参见杨建顺:《适用“保护规范理论”应当慎重》，载《检察日报》2019 年第 4 月 24 日。

以本案为例，首先，本案行政法律规范并不能保护投诉人的权益。《城乡规划法》第六十四条规定，未取得建设工程规划许可证或者未按照建设工程规划许可证的规定进行建设的，由县级以上地方人民政府城乡规划主管部门责令停止建设；尚可采取改正措施消除对规划实施的影响的，限期改正，处建设工程造价百分之五以上百分之十以下的罚款；无法采取改正措施消除影响的，限期拆除，不能拆除的，没收实物或者违法收入，可以并处建设工程造价百分之十以下的罚款。从立法的本意看，该条赋予城乡规划主管部门对违法建设查处权，是为了加强城乡规划管理，其保护的对象系不特定的社会公众，其所需要考虑保护的特别权利人包括相邻权人等物权人，而本案违法建设的合作开发人的权利义务已经通过民事途径确定，没有可以通过行政法律规范保护的权益。其次，本案投诉人作为项目合作人的合法权益系合作投资权益，但是生效民事判决已经解除了双方的合作关系，双方的民事纠纷实际上属于债权债务关系，而与该权利相关的纠纷应当通过民事途径解决；即使城乡规划部门履行了查处义务，其亦不会从查处行为中直接获得利益。城乡规划部门的查处客观上虽然可能间接对其有益，但这种查处并非为了保护其合法权益。故生效民事判决解除合作开发合同后，项目合作人与另一方的法律关系已经由合作开发关系转化为债权债务关系，其与投诉举报的事项不具有诉的利益，亦不属于通过行政法律规范来保护的权益，其与其投诉举报的事项不具有利害关系，不宜通过行政复议或行政诉讼途径主张权利。

综上，对于投资人、合作开发人在行政复议、诉讼中的原告主体资格不能一概肯定或否定，要判断其复议、诉讼的行政行为是基于什么样的行政法律规范。对于以下两种情况，应当认定具有利害关系：一是合作开发人对未经许可违规建设、出售的行为进行投诉系为了防止违法行为给其共同开发的项目造成损失、及时止损进而投诉举报，属于为了维护自身合法权益；二是合作开发人针对规划部门不予办理建设用地、建设工程规划许可的行为其提起复议、诉讼，规划部门具有相应的法定职责，其不予办理相关许可可能会导致合作开发人无法取得手续，无法推进项目的进展，进而可能损害其合法权益，可以通过行政途径解决争议。但是，若生效民事判决确定了合作开发人之间的权利义务，双方纠纷转化为债权债务纠纷，因为生效判决未能执行，合作开发人对合作开发的项目建设问题投诉举报，主张民事生效判决中的合法权益，其与投诉举报的事项不具有利害关系，合作开发人对于生效民事判决确定的权利义务关系不宜再行投诉举报、通过行政途径解决。

法律法规链接

1.《中华人民共和国行政诉讼法》（2017 年 6 月 27 日第二次修正）

第二十五条 行政行为的相对人以及其他与行政行为有利害关系的公民、法人或者其他组织，有权提起诉讼。

有权提起诉讼的公民死亡，其近亲属可以提起诉讼。

有权提起诉讼的法人或者其他组织终止，承受其权利的法人或者其他组织可以提起诉讼。

2.《中华人民共和国城乡规划法》（2019 年 4 月 23 日第二次修正）

第三十八条 在城市、镇规划区内以出让方式提供国有土地使用权的，在国有土地使用权出让前，城市、县人民政府城乡规划主管部门应当依据控制性详细规划，提出出让地块的位置、使用性质、开发强度等规划条件，作为国有土地使用权出让合同的组成部分。未确定规划条件的地块，不得出让国有土地使用权。

以出让方式取得国有土地使用权的建设项目，在签订国有土地使用权出让合同后，建设单位应当持建设项目的批准、核准、备案文件和国有土地使用权出让合同，向城市、县人民政府城乡规划主管部门领取建设用地规划许可证。

城市、县人民政府城乡规划主管部门不得在建设用地规划许可证中，擅自改变作为国有土地使用权出让合同组成部分的规划条件。

第四十条 在城市、镇规划区内进行建筑物、构筑物、道路、管线和其他工程建设的，建设单位或者个人应当向城市、县人民政府城乡规划主管部门或者省、自治区、直辖市人民政府确定的镇人民政府申请办理建设工程规划许可证。

申请办理建设工程规划许可证，应当提交使用土地的有关证明文件、建设工程设计方案等材料。需要建设单位编制修建性详细规划的建设项目，还应当提交修建性详细规划。对符合控制性详细规划和规划条件的，由城市、县人民政府城乡规划主管部门或者省、自治区、直辖市人民政府确定的镇人民政府核发建设工程规划许可证。

城市、县人民政府城乡规划主管部门或者省、自治区、直辖市人民政府确定的镇人民政府应当依法将经审定的修建性详细规划、建设工程设计方案的总平面图予以公布。

3.《中华人民共和国行政复议法实施条例》（2007年5月29日）

第二十八条 行政复议申请符合下列规定的，应当予以受理：

（一）有明确的申请人和符合规定的被申请人；

（二）申请人与具体行政行为有利害关系；

（三）有具体的行政复议请求和理由；

（四）在法定申请期限内提出；

（五）属于行政复议法规定的行政复议范围；

（六）属于收到行政复议申请的行政复议机构的职责范围；

（七）其他行政复议机关尚未受理同一行政复议申请，人民法院尚未受理同一主体就同一事实提起的行政诉讼。

第六十四条 未取得建设工程规划许可证或者未按照建设工程规划许可证的规定进行建设的，由县级以上地方人民政府城乡规划主管部门责令停止建设；尚可采取改正措施消除对规划实施的影响的，限期改正，处建设工程造价百分之五以上百分之十以下的罚款；无法采取改正措施消除影响的，限期拆除，不能拆除的，没收实物或者违法收入，可以并处建设工程造价百分之十以下的罚款。

4.《最高人民法院关于适用〈中华人民共和国行政诉讼法〉的解释》（2018年2月6日）

第十二条 有下列情形之一的，属于行政诉讼法第二十五条第一款规定的"与行政行为有利害关系"：

（一）被诉的行政行为涉及其相邻权或者公平竞争权的；

（二）在行政复议程序等行政程序中被追加为第三人的；

（三）要求行政机关依法追究加害人法律责任的；

（四）撤销或者变更行政行为涉及其合法权益的；

（五）为维护自身合法权益向行政机关投诉，具有处理投诉职责的行政机关作出或者未作出处理的；

（六）其他与行政行为有利害关系的情形。

类案检索报告

一、检索工具：法信平台——类案检索。

二、关键词：利害关系、举报人；筛选条件：案件类型——行政案件；法院层级——最高人民法院。

三、检索结果：检索关键词“利害关系、举报人”，共检索出件行政案件 77 件，选取其中 7 件与本案情况类似的案件。

四、类案文书：

序号	案件名称	案由	案号
1	黄某章诉广东省人民政府行政复议案	行政复议	（2017）最高法行申 1275 号
2	贺某玉诉驻马店市人民政府批准国有股权转让案	批准国有股权转让	（2017）最高法行申 1142 号
3	奥斯码公司诉开平市国土资源局、开平市人民政府收回国有土地使用权案	收回国有土地使用权	（2017）最高法行申 2033 号
4	赵某峰诉河南省人民政府不履行法定职责案	不履行查处举报事项法定职责	（2017）最高法行申 4076 号
5	周某平诉郑州市上街区政府、上街区安监局、郑州市安监局不履行生产安全事故核查职责案	不履行生产安全事故核查职责	（2016）最高法行申 4328 号
6	梁某斌诉山西省人力资源和社会保障厅行政复议案	行政复议	（2017）最高法行申 281 号
7	刘某清诉证监会行政复议案	行政复议	（2018）最高法行申 5211 号

（撰写人：杨科雄、牛延佳）

9. 当事人因选择管辖法院错误而耽误起诉期限的，被耽误的时间是否计算在起诉期限内

案情摘要

乙区政府于2014年11月19日对被征收人陈某等人作出补偿决定。陈某等人不服该补偿决定，于2014年12月17日向甲市政府申请行政复议。甲市政府于2015年2月12日作出复议决定，维持了该补偿决定，并告知陈某等人，如不服行政复议决定，可在收到行政复议决定之日起十五日内向人民法院起诉。该行政复议决定于2月15日送达。陈某等人于2015年3月1日向乙区人民法院邮寄行政起诉状。乙区人民法院于2015年3月10日向陈某等人邮寄释明函、原起诉材料。陈某等人于3月11日签收该邮政特快专递。2015年3月17日，陈某等人向甲市中级人民法院邮寄行政起诉状，请求依法确认乙区政府作出的补偿决定违法，并依法撤销该补偿决定。

法律问题

当事人因选择管辖法院错误而耽误起诉期限的，被耽误的时间是否计算在起诉期限内？

不同观点

甲说：应当计算在内

《最高人民法院关于行政案件管辖若干问题的规定》第一条第一项规定，被告为县级以上人民政府的第一审行政案件应当由中级人民法院管辖。起诉人因选择管辖法院错误而耽误起诉期限，属于因其自身原因而导致的，其不利法律后果应由起诉人自己承担，耽误的时间不应当扣除。

乙说：不应当计算在内

人民法院对超过起诉期限但有正当理由的判断，应当按照有利于起诉人的原则进行。起诉人在法定期限内行使起诉权，虽然起诉的法院没有管辖权，但经过人民法院释明，起诉人在合理期限内向有管辖权的人民法院递交起诉状，因错误选择管辖法院耽误起诉期限具备正当理由，不属于因其自身原因耽误的时间，应当从起诉期限中予以扣除。

法官会议意见

采乙说

为了切实保护当事人诉权，我国《行政诉讼法》明确规定了起诉期限扣除与延长的情形。根据当时有效的《执行解释》第四十三条明确规定，“由于不属于起诉人自身

的原因超过起诉期限的，被耽误的时间不计算在起诉期间内”。2015 年修改后的《行政诉讼法》吸收了这一规定并作了进一步完善，第四十八条第一款规定：“公民、法人或者其他组织因不可抗力或者其他不属于其自身的原因耽误起诉期限的，被耽误的时间不计算在起诉期限内。”但是上述规定均没有对何为“不属于起诉人自身的原因”作出具体规定和解释。根据《行政诉讼法》保护公民、法人或者其他组织合法权益的立法宗旨，从切实保障当事人诉权的角度出发，司法实践中，对确有正当理由超过法定期限提起的诉讼，应当作有利于公民、法人或者其他组织的解释。判断超过起诉期限是否具备正当理由，应当充分考虑行政相对人是否已经积极行使诉权，是否存在行政相对人因不属于其自身的原因而耽误起诉期限的情形。起诉人在法定起诉期限内行使起诉权，虽然管辖法院选择错误，但经过人民法院释明，起诉人在合理期限内已经向有管辖权的人民法院提起诉讼，因此而耽误起诉期限具有正当理由，属于非因当事人自身原因耽误的时间，不应计算在起诉期限内。

意见阐释

一、行政诉讼起诉期限的定义、功能与特征

一般认为，行政诉讼的起诉期限是指公民、法人或者其他组织不服行政机关作出的行政行为，而向人民法院提起行政诉讼，其起诉可由人民法院立案受理的法定期限。行政诉讼起诉期限是法律设定的起诉条件之一，解决的是行政起诉能否进入司法实体审查的问题。公民、法人或其他组织向人民法院提起行政诉讼，必须在法定期限内提出，否则，即使提起了诉讼，人民法院也会

因起诉期限届满而不予受理。

我国行政法及行政诉讼法对行政诉讼的起诉期限作出了一系列的规定，初步构成了一定的体系，对于指导行政诉讼发挥了积极作用。目前，我国普遍适用的行政诉讼起诉期限规定，主要集中在《行政诉讼法》第四十五条至第四十八条及《行政诉讼法司法解释》第六十四条至第六十六条。此外，还有一些关于某类行政行为起诉期限的单行法律，如《邮政法》《统计法》《水污染防治法》《海洋环境保护法》《药品管理法》等。起诉期限可分为普通的起诉期限和最长诉权保护期限。普通的起诉期限一般由《行政诉讼法》明确规定，适用于一般行政案件。如当事人直接向人民法院提起行政诉讼的起诉期限，2014 年《行政诉讼法》修改前为三个月，修改后为六个月；经过复议后向人民法院提起诉讼的起诉期限为十五日。最长诉权保护期限可以分为两种情形：一是行政机关没有告知诉权和起诉期限的，按照《执行解释》的规定，起诉期限为二年，《行政诉讼法司法解释》修改为一年；二是当事人不知道行政行为内容的，起诉期限动产为五年，不动产为二十年。

行政诉讼起诉期限制度设立的目的是对起诉人诉权的行使加以时间的限制，促使权利人及时行使诉权，从而尽快解决纠纷，维护社会秩序。如果权利人怠于行使权利，致使起诉超过法定期限且无正当理由的，则会导致起诉人丧失起诉权的法律后果。一般来说，起诉期限具有三方面的功能：一是稳定行政法律秩序。法律要求行政行为作出后，尽快能得到实施，而不是处于不稳定或不生效状态。起诉期限的设置目的之一就是经过起诉期限后，行政行为便生效，使其得到有效实施。二是促使行政相对人及时行使权利。设置起诉期限的目的之一就是督促行政相对人在合法权益受到侵害时及时提起行政诉讼，否则，超过起诉期限，行政相对人将不能通过司法渠道维护自己的合法权益。三是避免举证困难。如果行政相对人在合法权益受到行政主体侵犯后，迟迟不提起诉讼，此时证据可能随着时间的流逝而消失，法院审判时查清事实将变得困难，故起诉期限制度的设立，还能保证及时收集调取证据，证明有关的案件事实。①

起诉期限具有以下几个特征：一是法定性。什么条件下适用多长的起诉期限通常都由法律予以明确规定。二是强制性。起诉期限作为广义上时效的一种，体现了法律规范强制性的特征。三是程序性。起诉期限是行政诉讼起诉条件中的消极条件之一。如果当事人的起诉超过法定期限，法院将裁定驳回起诉或不予受理，在程序上终结诉讼。四是不变性。起诉期限与民法中的除斥期间相类似，是一种不变期间，不能中断或中止，特殊情况下才可申请延长或扣除被耽误的时间。②

司法实践中，有人从字面上把诉讼时效理解为诉讼法上的概念，认为凡是诉讼都存在时效的问题。基于该理解，不少人将行政诉讼起诉期限称之为“行政诉讼时效”或“起诉时效”，将其等同于民事诉讼时效，甚至用诉讼时效的规定来审查判断行政诉讼的起诉期限，并对超过起诉期限的案件作出驳回诉讼请求的实体判决，造成了二者在适用上的混乱。诉讼时效又称为消灭时效，是民事实体法上的法律制度，指民事权利受到侵害的权利人在法定的时效期间内不行使权利，当时效期间届满时，债务人获得诉讼时效抗辩权。虽然行政诉讼起诉期限制度与民事诉讼的诉讼时效制度二者在理论基础上有共通之处，且经过一定的期间都会对原告发生某种不利的法律后果，但二者在本质上是两种不同的法律制度，存在较大区别：一是性质不同。起诉期限是诉的合

---

① 参见贺新发：《行政诉讼起诉期限研究》，吉林大学 2011 年硕士学位论文。

② 参见林俊盛：《行政诉讼起诉期限制度研究》，法律出版社 2014 年版，第 32 页。

法性要件，即起诉能否被法院予以受理的法定条件，规定在《行政诉讼法》中，系诉讼程序法律制度；诉讼时效则是实体审理要件，即诉讼请求是否能够成立的前提，属于民事实体法律制度，规定在《民法典》总则编中。二是立法目的不同。行政诉讼之所以设立起诉期限，目的在于督促行政相对人尽快行使权利，提高行政机关执法效率，维护行政管理秩序的稳定；民事实体法中规定诉讼时效，其目的在于经过法定期间使原权利人丧失权利，使长期存在的事实状态合法化，有利于经济秩序和法律秩序的稳定。三是期间有无变化不同。起诉期限为固定期间、不变期间，不存在中止、中断的情形，特殊情况下才可申请延长或扣除被耽误的时间；而诉讼时效属于可变期间，原告不仅在特殊情况下可申请延长，而且只要具有法定事由，便可将其中止或中断。四是适用对象不同。一般认为，起诉期限适用于形成权，而诉讼时效适用于请求权。五是起算时间不同。行政诉讼的起诉期限从行政相对人知道或者应当知道行政行为之日起计算，其采取的是客观行为的标准，强调“行为”；而诉讼时效的起算时间从当事人知道或应当知道权利被侵害之日起，以当事人主观感知权利被侵害为标准，强调“权利”。六是法院的审查阶段不同。对于起诉期限，法院主要在起诉受理阶段进行审查，在审理阶段也可以审查；对于诉讼时效，法院只能在实体审理阶段进行审查。七是法院能否依职权审查不同。由于起诉期限属于起诉条件之一，在起诉受理阶段和审理阶段法院都可以依职权主动审查原告的起诉是否超过了起诉期限；而诉讼时效由于发生实体法上的效果，必须尊重当事人的意思自治，除非被告主张，否则法院不得主动审查和援用。八是法院对超过法定期间的处理方式不同。原告超过起诉期限起诉的，人民法院将裁定不予受理，或在受理后发现超过起诉期限的，裁定驳回起诉，即超过起诉期限相对人丧失的是起诉权；诉讼时效已过的，如果被告主张，法院须判决驳回原告诉讼请求，如果被告没有主张，则原告有胜诉的可能性，即超过诉讼时效当事人丧失的是胜诉权。

二、行政诉讼起诉期限耽误的扣除制度

期间的耽误是指当事人在法定期间或指定期间内没有进行或完成本应进行的诉讼行为。期间的耽误可能有主观原因，也可能有客观原因。根据各国的立法例和司法实践，因当事人自身的主观原因导致期间耽误的，其不利后果一般由当事人自身承担。但是因当事人意志以外的原因如不可抗力造成起诉期限耽误的，一般均给予当事人采取一定措施进行挽救的机会。而各国为行政相对人提起行政撤销诉讼所设定的起诉期限往往非常短暂，很容易造成行政相对人因超期起诉而错失救济机会。为了既维护行政效率，又兼顾公平公正原则，妥善地保护行政相对人的救济权利，各国往往对一些因客观原因导致未能在法定期限内起诉的情形作出例外的制度安排。这些制度安排虽然名称各有不同，但其目的和功能基本相同，即通过这些例外规则的适用客观上使得行政相对人的实际起诉期间变长一些，相对合理一些。①

例如，在英美法系的英国和美国，虽然司法审查的时效规则并不存在除斥期间与消灭时效的理论区分，但两个国家对当事人不服行政机关行政决定的案件也设置了比普通民事纠纷案件短暂得多的申请期限，目的在于尽早稳定行政行为所创设的新的社会秩序，维护行政决定的确定力，体现行政效率优先原则的价值追求。对于因特殊的理由而耽误申请期限的，可以申请延长。《英国司法审查规则》第 4 条规定："（一）司法审查申请应自申请原因首次出现之日起三个月内及时提出，除非法院认为有适当的理由应延长申请期限……"也就是说，在当事人耽误申请期限的情

① 参见林俊盛：《行政诉讼起诉期限制度研究》，法律出版社 2014 年版，第 148 页。

况下，如果法院认为其有适当的理由，可以适当延长申请期限。[①]

大陆法系的国家或者地区一般都参照民法中除斥期间的设计原理，在法条中明确规定了撤销诉讼的起诉期限和因客观原因耽误起诉期限情况下起诉期限的回复原状或者延长、期间扣除等，而没有规定起诉期限可以中止或者中断。例如在法国，起诉期限延长通常有两种情况：一是原告在行政决定后二个月内请求行政救济，如果申请被拒绝，在接到拒绝通知后二个月内仍可以对原来的行政决定提起行政诉讼。二是原告在行政决定后二个月内向无管辖权的法院申诉，在其申诉被拒绝受理后二个月内，仍可向有管辖权的法院提起行政诉讼。[②] 而德国实行“回复原状”制度，即当事人因客观原因耽误法定期限的，可以申请法院将法定期限“回复原状”。《德国行政法院法》第 60 条规定：“1. 应无过错而未能遵守法定期限人的请求，可允许对其回复原状。2. 请求须在障碍消除后两周内提出……”[③] 根据《日本行政案件诉讼法》第 14 条的规定，撤销诉讼必须在知晓已作出处分或者裁决之日起六个月内提起；从处分或者裁决之日起，超过一年，便不能再提起；当提起行政上的不服申诉时，从知道对于该不服申诉的裁决等已作出之日起经过了六个月，或者自裁决等作出之日起经过了一年，则不能提起诉讼了。但是无论在上述那种情况下，如有正当的理由，则期间经过后的诉讼之提起也得以承认。[④] 我国台湾地区则仿效《德国行政法院法》，规定了当事人可以申请法院将

---

① 参见林俊盛：《行政诉讼起诉期限制度研究》，法律出版社 2014 年版，第 149 页。

② 参见王名扬：《法国行政法》，中国政法大学出版社 2003 年版，第 644 页。

③ [德] 平特纳：《德国普通行政法》，朱林译，中国政法大学出版社 1999 年版，第 276 页。

④ 参见 [日] 盐野宏：《行政救济法》，杨建顺译，北京大学出版社 2008 年版，第 68 页。

法定期限“回复原状”，但对当事人申请的条件和程序规定更为详细。根据我国台湾地区“行政诉讼法”第 91 条至第 93 条的规定，因天灾或其他不应归责于已之事由，致迟误不变期间者，得申请回复原状；迟误不变期间已逾一年者，不得申请回复原状；迟误该“法”第 106 条之起诉期间已逾三年者，亦同；申请回复原状，应同时向行政法院补行期间内应为之诉讼行为，由受申请之行政法院与补行之诉讼行为合并裁判之。[①]

我国《行政诉讼法》对于当事人因客观原因耽误法定期限的，也明确规定了扣除与延长的相关规定，形成了我国《行政诉讼法》中的起诉期限耽误制度。从我国行政立法来看，自 1990 年开始实施的《行政诉讼法》首次规定了起诉期限的延长情形，该法第四十条规定：“公民、法人或者其他组织因不可抗力或者其他特殊情况耽误法定期限的，在障碍消除后的十日内，可以申请延长期限，由人民法院决定。”2000 年 3 月 10 日起施行的《执行解释》对该制度作了进一步发展，明确了起诉期限的扣除情形，其第四十三条规定：“由于不属于起诉人自身的原因超过起诉期限的，被耽误的时间不计算在起诉期间内。因人身自由受到限制而不能提起诉讼的，被限制人身自由的时间不计算在起诉期间内。”2014 年修正后的《行政诉讼法》吸收了上述规定，并对该制度作了进一步完善。其第四十八条规定：“公民、法人或者其他组织因不可抗力或者其他不属于其自身的原因耽误起诉期限的，被耽误的时间不计算在起诉期限内。公民、法人或者其他组织因前款规定以外的其他特殊情况耽误起诉期限的，在障碍消除后十日内，可以申请延长期限，是否准许由人民法院决定。”

从上述立法的演变来看，我国行政诉讼起诉期限耽误制度有以下几点变化：一是耽误情形的适度扩展，即从起诉期限延长的

---

① 参见林俊盛：《行政诉讼起诉期限制度研究》，法律出版社 2014 年版，第 152 页。

单一情形扩展到起诉期限扣除与延长两种情形；二是耽误事由的逐步完备，即从“‘不可抗力’和‘其他特殊情况’耽误起诉期限”发展到“‘不可抗力’‘其他不属于其自身原因’以及‘其他特殊情况’耽误起诉期限”。三是对依当事人申请作为程序启动条件的部分摒弃，即起诉期限扣除情形从条文字面理解无须当事人申请。也就是说，耽误事由为“‘不可抗力’和‘其他不属于其自身原因’耽误起诉期限”的，当事人不需要向人民法院申请起诉期限的扣除，应当是自动扣除。[①]

从总体上看，我国现行关于起诉期限耽误制度的立法规定与域外国家或者地区的相关规定在内容和功能上基本相同，只是表述上有所不同而已。也有学者将该制度称为行政诉讼起诉期限的延误制度。[②]作为行政诉讼起诉期限恒定的例外情形，行政诉讼起诉期限耽误制度体现着对处于弱势地位的行政相对人在诉讼程序启动上的人文关怀，同时也体现着诉权保障与司法对行政活动谦抑的价值权衡。

根据《行政诉讼法》第四十八条的规定，我国的行政诉讼起诉期限耽误制度包括两种情形：起诉期限的扣除与起诉期限的延长。两者适用的情形并不相同。

第一，关于起诉期限的扣除。《行政诉讼法》第四十八条第一款规定：“公民、法人或者其他组织因不可抗力或者其他不属于其自身的原因耽误起诉期限的，被耽误的时间不计算在起诉期限内。”从该条规定可以看出，起诉期限可以扣除仅限两个理由：一是不可抗力；二是其他不属于其自身的原因。对于不可抗力，《行政诉讼法》并没有明确规定和说明，我国民事法律中则有较

---

① 参见范伟：《论行政诉讼中的起诉期限延误——兼评〈行政诉讼法〉第48条》，载《行政法学研究》2018年第2期。

② 范伟：《论行政诉讼中的起诉期限延误——兼评〈行政诉讼法〉第48条》，载《行政法学研究》2018年第2期。

为具体的规定。根据我国《民法典》第一百八十条第二款的规定，不可抗力是指不能预见、不能避免且不能克服的客观情况。其要件包含：不可预见、不可避免且不能克服和属于客观情况。不可抗力可以是自然原因造成的，也可以是人为的或社会因素引起的，前者如地震、水灾、旱灾等，后者如战争、政府禁令、罢工等。行政诉讼起诉期限耽误制度中的“不可抗力”与民法上的“不可抗力”在法律适用上具有相通性，皆具有权利保障的目的和发生责任免除的后果。如发生地震、水灾造成交通中断，当事人无法在法定期限内行使诉权即属于行政诉讼起诉期限中“不可抗力”的耽误事由。对于“其他不属于其自身原因”的情形，因缺乏具体规定和解释，加之该概念不够清晰，实践中容易发生适用偏差。《执行解释》明确列举了“人身受到限制”为“其他不属于其自身原因”的一种具体情形。在司法实践中，一般认为，此项耽误事由还有如下几种情形：一是当事人由于对法律理解有误未能正确行使诉权，先通过民事诉讼无法实现自身权益后再提起行政诉讼导致超过法定期限的，应视为存在正当理由。[①] 二是以企业清算组名义提起诉讼被驳回后又以企业名义起诉的，人民法院认为清算组在规定期限内提起行政诉讼后被驳回起诉的事实可视为因“其他特殊情况耽误起诉期限”的情况。[②] 三是当事人一直向人民法院主张权利所耽误的时间不应计算在起诉期限内。[③] 四是因行政案件交叉管辖导致当事人选择管辖法院错误，人民法院认为邮寄起诉材料所耽误的期限不计算在起诉期限内。[④] 本案

---

① 参见山东省枣庄市中级人民法院（2014）枣行终字第 8 号行政判决书。

② 参见浙江省杭州市西湖区人民法院（2012）杭西行初字第 50 号行政判决书。

③ 参见四川省成都市中级人民法院（2015）成行终字第 139 号行政判决书。

④ 参见辽宁省沈阳市中级人民法院（2015）沈中立行终字第 7 号行政裁定书。

同样属于因“其他不属于其自身的原因”耽误起诉期限的情形。由于我国行政体制较为复杂，行政行为种类也较为繁多，加之实践中行政机关执法水平不一，导致部分案件的起诉人确定被告和管辖法院较为困难。另外，近年来我国在行政诉讼领域相继实施了多种管辖改革措施，如提级管辖、指定管辖、交叉管辖、集中管辖、跨区划管辖等，级别管辖和地域管辖的不断变化，导致部分起诉人无所适从，并且也存在权利人对管辖规定理解错误的情形，所以在判断起诉人因选择管辖法院错误而导致超过起诉期限时应当具体问题具体分析。关键要看起诉人是否积极行使了诉权，如果起诉人一直在积极行使诉权，则即使因选择管辖法院错误导致超过起诉期限，也应当属于有正当理由之情形。如果起诉人系因怠于行使诉权而超过起诉期限，则不利法律后果只能由其自身承担。本案中，当事人因种种原因导致选择级别管辖错误，但其在法定期限内提起了诉讼，在法院释明后也在合理期限内及时向管辖法院邮寄了起诉材料，说明当事人一直在积极行使诉权，并没有怠于行使诉权之情形。故本案中的因选择管辖法院错误而导致耽误起诉期限的情形，属于《行政诉讼法》第四十八条第一款规定的“因其他不属于其自身的原因耽误起诉期限”的情形，被耽误的时间不应当计算在起诉期限内。

第二，关于起诉期限的延长。《行政诉讼法》第四十八条第二款规定：“公民、法人或者其他组织因前款规定以外的其他特殊情况耽误起诉期限的，在障碍消除后十日内，可以申请延长期限，是否准许由人民法院决定。”根据该款规定，当事人可以申请延长期限的情形为“其他特殊情况”。“其他特殊情况”是一个适用不明的概念，其认定标准并不明确，目前法律和司法解释并没有作出明确的规定和解释。与“不可抗力”和“其他不属于其自身的原因”相比较，“其他特殊情况”可作以下区分：一是当事人对耽误事由发生的主观认识程度要高于前两者，例如，当事人明知起诉期限即将经过，但由于重病而不能实施起诉行为；二是“其他特殊情况”的发生不能完全阻却当事人提起诉讼；三是较之起诉期限扣除为法定起诉期限耽误情形，因“其他特殊情况”耽误起诉期限的是酌定的起诉期限耽误情形，即是否产生起诉期限延长之法律效果，人民法院拥有审查权、决定权以及自由裁量权。[①]

三、起诉期限是否存在中止、中断情形

民事诉讼中的诉讼时效制度具有中止、中断的情形，行政诉讼中的起诉期限是否也存在中止、中断情形，是当前争议较大的问题。民法上的诉讼时效中止一般是指在诉讼时效期间的最后六个月，因法定事由而使权利人不能行使请求权的，法定事由消除后，诉讼时效期间为自中止时效的原因消除之日起满六个月届满的制度。根据《民法典》第一百九十四条的规定，诉讼时效中止的事由包括：不可抗力；无民事行为能力人或者限制民事行为能力人没有法定代理人，或者法定代理人死亡、丧失民事行为能力、丧失代理权；继承开始后未确定继承人或者遗产管理人；权利人被义务人或者其他人控制；其他导致权利人不能行使请求权的障碍。诉讼时效的中止必须是因法定事由而发生。这些法定事由可以概括为两大类：一是不可抗力，如自然灾害、军事行动等，都是当事人无法预见和克服的客观情况；二是其他阻碍权利人行使请求权的情况。法定事由必须发生在诉讼时效期间的最后六个月内，始产生中止诉讼时效的效力。诉讼时效中断是指在诉讼时效期间进行中，因发生一定的法定事由，致使已经经过的时效期间归于无效，待时效中断的事由消除后，对诉讼时效期间进行重新计算的制度。根据《民法典》第一百九十五条的规定，中

① 参见范伟：《论行政诉讼中的起诉期限延误——兼评〈行政诉讼法〉第48条》，载《行政法学研究》2018年第2期。

断诉讼时效的事由包括：权利人向义务人提出履行请求；义务人同意履行义务；权利人提起诉讼或者申请仲裁；与提起诉讼或者申请仲裁具有同等效力的其他情形。诉讼时效中断的事由发生后，已经过的时效期间归于无效，中断事由存续期间，时效不进行，中断事由终止时，重新计算时效期间。这些事由区别于诉讼时效中止的事由，主要是基于当事人主观意志而实施的行为。

有观点认为，行政诉讼的起诉期限应当适用民事诉讼时效中止的理论，但是不适用中断的理论。主要理由是：第一，《行政诉讼法》和司法解释已经对诉讼时效中止情形作出了规定。如《执行解释》第四十三条规定："由于不属于起诉人自身的原因超过起诉期限的，被耽误的时间不计算在起诉期间内。因人身自由受到限制而不能提起诉讼的，被限制人身自由的时间不计算在起诉期间内。"2014年修正后的《行政诉讼法》第四十八条第一款规定："公民、法人或者其他组织因不可抗力或者其他不属于其自身的原因耽误起诉期限的，被耽误的时间不计算在起诉期限内。"上述规定均属于起诉期限中止的规定。第二，《行政诉讼法》和司法解释并没有关于诉讼时效中断的规定，其主要是考虑到维护行政管理秩序的稳定性，因为行政行为一经作出即具有确定力、拘束力和执行力，且行政行为是以国家强制力为保障，一般持续较长时间，并得到社会的信赖。如果行政诉讼起诉期限适用中断理论，必将导致行政相对人长时间不行使权利的可能性增大，不利于保持社会的稳定。有的观点则认为，行政诉讼的起诉期限应当适用中断制度。即，如果行政相对人在法定期间内不断向行政机关申诉、向上级行政机关控告的，应当适用起诉期限中断。主要理由是：第一，行政相对人的申诉行为表明其不服行政行为，亦有申诉之意愿。第二，从实际情况而言，解决行政纠纷存在多种不同的途径，界限并不明显。第三，中国公民还存在找政府解决问题的习惯。第四，域外亦有此制。

从起诉期限的功能和意义来看，上述观点均难以成立。起诉期限本是为公益而设的制度，体现了权利有限性、法的安定性、行政行为的确定力以及司法的有限审查性。起诉期限的功能和意义主要体现在：首先，起诉期限是对当事人诉权的一种积极限制。法律通过规定行政诉讼的起诉期限，给当事人寻求司法救济设置一种时间限制，即当事人请求法院通过行政诉讼程序给予法律救济的最长时间限制。法治的本质是维护社会的公平正义和良好的社会秩序，同时也充分尊重当事人的选择自由。如果法律在时间上已经给予行政相对人比较充分的考虑和选择机会，对行政相对人的选择自由给予了充分的尊重，而行政相对人在法律规定的这个特定的期间内没有提起诉讼，将依法承担不利的法律后果，即法律将取消其请求法院通过司法程序保护其权利的权利。其次，起诉期限是对行政行为效力的消极维护。基于国家行政效率优先原则的要求，行政行为一经作出便具有公定力，即对任何人都具有被推定为合法、有效而予以尊重的法律效力。起诉期限届满，行政行为便产生不可争力。行政行为被推定的形式效力最终转化为实质效力。两大法系几个代表性国家的立法例和司法实践表明，各国基本相似的时效制度安排，目的都在于尽早地稳定行政行为所创设的新的社会秩序，避免行政行为的效力在过长的期间内仍面临挑战。最后，起诉期限是对司法管辖权行使的合理约束。行政诉讼又称司法审查，是一国司法权对行政权进行制约的重要制度。基于司法权与行政权之间的平行属性，行政权的行使关乎社会公共利益，讲求行政效率优先。因此，司法权对行政权的制约必须是有限的，否则将影响社会的整体利益。另外，司法的被动性原则要求法院秉持不告不理的司法态度，而且原告的起诉不符合起诉条件的情况下也不得行使司法审查权限。在起诉期限已经届满的情况下，即使原告的起诉符合其他相应条件，法院也不得行使管辖权，包括各方当事人协商一致并同意诉诸法院解决行政纠纷也不能例外。①

因此，在法律诉讼程序中，包括行政诉讼期限在内的时效制度的价值目标是在社会公共利益的视角内，对公平与效率价值目标的衡量、对权利保护与权利限制的衡量、对权利人个体私利益与社会公共利益的衡量以及对个体私利益之间的衡量。这是时效制度存在的正当性的法理基础。而在这些考量因素之中，之所以要设置起诉期限等时效制度对行政相对人的救济权利进行适当的限制，根本原因在于作为社会公共资源之一的司法资源的有限性。②

另外，行政诉讼中的起诉期限制度与诉讼时效制度是两种不同的制度。起诉期限是不变期间，具有类似除斥期间的法律效果。即公民、法人或者其他组织自知道或者应当知道起诉事由之日起特定期间内没有起诉的，不再享有起诉权。起诉期限仅仅是对起诉权利作出的一种单纯的时间限制，主要目的在于确定起诉权利的期间。在此期间，起诉权利存在；期间届满，起诉权利则归于消灭。当然，起诉期限是不变期间不等于起诉期间只有六个月，根据起诉期限起算点的不同，计算出来的起诉期限是一个不变期间。正因为起诉期限是不变期间，因此才不存在中止和中断的问题。

法律法规链接

1.《中华人民共和国民法典》（2020年5月28日）

第一百八十条第二款　不可抗力是指不能预见、不能避免且

---

① 参见林俊盛：《行政诉讼起诉期限制度研究》，法律出版社2014年版，第54~56页。

② 参见林俊盛：《行政诉讼起诉期限制度研究》，法律出版社2014年版，第54页。

不能克服的客观情况。

第一百九十四条 在诉讼时效期间的最后六个月内，因下列障碍，不能行使请求权的，诉讼时效中止：

（一）不可抗力；

（二）无民事行为能力人或者限制民事行为能力人没有法定代理人，或者法定代理人死亡、丧失民事行为能力、丧失代理权；

（三）继承开始后未确定继承人或者遗产管理人；

（四）权利人被义务人或者其他人控制；

（五）其他导致权利人不能行使请求权的障碍。

自中止时效的原因消除之日起满六个月，诉讼时效期间届满。

第一百九十五条 有下列情形之一的，诉讼时效中断，从中断、有关程序终结时起，诉讼时效期间重新计算：

（一）权利人向义务人提出履行请求；

（二）义务人同意履行义务；

（三）权利人提起诉讼或者申请仲裁；

（四）与提起诉讼或者申请仲裁具有同等效力的其他情形。

2.《中华人民共和国行政诉讼法》（2017 年 6 月 27 日第二次修正）

第四十五条 公民、法人或者其他组织不服复议决定的，可以在收到复议决定书之日起十五日内向人民法院提起诉讼。复议机关逾期不作决定的，申请人可以在复议期满之日起十五日内向人民法院提起诉讼。法律另有规定的除外。

第四十六条 公民、法人或者其他组织直接向人民法院提起诉讼的，应当自知道或者应当知道作出行政行为之日起六个月内提出。法律另有规定的除外。

因不动产提起诉讼的案件自行政行为作出之日起超过二十

年，其他案件自行政行为作出之日起超过五年提起诉讼的，人民法院不予受理。

第四十七条 公民、法人或者其他组织申请行政机关履行保护其人身权、财产权等合法权益的法定职责，行政机关在接到申请之日起两个月内不履行的，公民、法人或者其他组织可以向人民法院提起诉讼。法律、法规对行政机关履行职责的期限另有规定的，从其规定。

公民、法人或者其他组织在紧急情况下请求行政机关履行保护其人身权、财产权等合法权益的法定职责，行政机关不履行的，提起诉讼不受前款规定期限的限制。

第四十八条 公民、法人或者其他组织因不可抗力或者其他不属于其自身的原因耽误起诉期限的，被耽误的时间不计算在起诉期限内。

公民、法人或者其他组织因前款规定以外的其他特殊情况耽误起诉期限的，在障碍消除后十日内，可以申请延长期限，是否准许由人民法院决定。

3.《最高人民法院关于适用〈中华人民共和国行政诉讼法〉的解释》（2018年2月6日）

第六十四条 行政机关作出行政行为时，未告知公民、法人或者其他组织起诉期限的，起诉期限从公民、法人或者其他组织知道或者应当知道起诉期限之日起计算，但从知道或者应当知道行政行为内容之日起最长不得超过一年。

复议决定未告知公民、法人或者其他组织起诉期限的，适用前款规定。

第六十五条 公民、法人或者其他组织不知道行政机关作出的行政行为内容的，其起诉期限从知道或者应当知道该行政行为内容之日起计算，但最长不得超过行政诉讼法第四十六条第二款规定的起诉期限。

第六十六条 公民、法人或者其他组织依照行政诉讼法第四十七条第一款的规定，对行政机关不履行法定职责提起诉讼的，应当在行政机关履行法定职责期限届满之日起六个月内提出。

4.《最高人民法院关于执行〈中华人民共和国行政诉讼法〉若干问题的解释》（2018年2月8日废止）

第四十一条 行政机关作出具体行政行为时，未告知公民、法人或者其他组织诉权或者起诉期限的，起诉期限从公民、法人或者其他组织知道或者应当知道诉权或者起诉期限之日起计算，但从知道或者应当知道具体行政行为内容之日起最长不得超过2年。

复议决定未告知公民、法人或者其他组织诉权或者法定起诉期限的，适用前款规定。

第四十二条 公民、法人或者其他织不知道行政机关作出的具体行政行为内容的，其起诉期限从知道或者应当知道该具体行政行为内容之日起计算。对涉及不动产的具体行政行为从作出之日起超过20年、其他具体行政行为从作出之日起超过5年提起诉讼的，人民法院不予受理。

第四十三条 由于不属于起诉人自身的原因超过起诉期限的，被耽误的时间不计算在起诉期间内。因人身自由受到限制而不能提起诉讼的，被限制人身自由的时间不计算在起诉期间内。

5.《最高人民法院关于行政案件管辖若干问题的规定》（2019年7月8日废止）

第一条 有下列情形之一的，属于行政诉讼法第十四条第（三）项规定的应当由中级人民法院管辖的第一审行政案件：

（一）被告为县级以上人民政府的案件，但以县级人民政府名义办理不动产物权登记的案件可以除外；

（二）社会影响重大的共同诉讼、集团诉讼案件；

（三）重大涉外或者涉及香港特别行政区、澳门特别行政区、台湾地区的案件；

（四）其他重大、复杂的案件。

类案检索报告

一、检索工具：法信“类案检索”。

二、关键词：选择管辖错误、超过起诉期限；筛选条件：案件类型——行政案件；法院层级——最高人民法院。

三、检索结果：以“选择管辖错误、超过起诉期限”为关键词检索相关案件裁判文书，共检索出 7 件行政案件。经过筛选，与本案类似度较高的案件共 1 件。

四、类案文书：

序号	案件名称	案由	案号
1	黄某某诉北京市东城区人民政府行政复议案	行政复议	（2016）最高法行申 4521 号

（撰写人：张雪明）

10. 民事合同无效是否必然导致行政许可被撤销

案情摘要

A公司、B公司向商务部提交外商并购B公司的申报材料，其中包含A公司与C公司签订的《股权转让协议》，商务部作出《批复》，同意股权转让，B公司获得《批准证书》。后生效民事判决认定《股权转让协议》系虚假协议而确认无效。C公司以上述协议被确认无效为由，向商务部申请撤销《批复》《批准证书》，商务部认为如撤销可能对公共利益造成重大损害，并认可C公司所在地政府提供的风险评估报告，作出《处理决定》维持《批复》和《批准证书》的效力，不予撤销。C公司不服提起本案诉讼，请求撤销《处理决定》，判令商务部重新作出决定，撤销《批复》和《批准证书》。

法律问题

行政许可依据的民事合同被生效判决确认无效，是否一律予以撤销行政许可?《行政许可法》第六十九条第二款、第三款规定应当如何适用?

不同观点

甲说：民事合同确认无效的，行政许可应当予以撤销

当事人为获得行政许可，恶意串通提供虚假民事合同，民事合同被人民法院判决无效后，行政机关核发该行政许可的基础事实已经不存在，行政许可行为违反法律规定，损害国家利益和公共利益，依法应当予以撤销。

乙说：民事合同确认无效的，不必然导致行政许可被撤销

不能简单以行政许可审批中所依据的民事合同被生效民事判决确认无效，即判决撤销行政许可。行政许可审批所依据的民事合同无效，行政许可审批不符合法定条件，应当撤销，但是如果撤销该行政许可将会对国家利益、公共利益造成重大损害的，依法不予撤销。

法官会议意见

采乙说

根据《行政诉讼法》第七十四条第一款第一项规定，行政行为违法应当予以撤销，但撤销行政行为将会给国家利益、公共利益造成重大损害的，人民法院依法可不予撤销，判决确认违法保留效力。参照上述规定，行政机关对于当事人以人民法院生效民事判决已经判决相关民事合同被确认无效为由，请求撤销行政许可的，行政机关为了维护国家利益、公共利益，作出不予撤销行政许可决定的，不违反法律规定。

意见阐释

外国投资者并购境内企业行政许可审查过程中提供的股权转让协议被生效判决确认无效，由此获得的许可是否必然被撤销，一方面，要考虑协议与许可之间的关系，结合协议双方交易的真实性等情况进行审查；另一方面，还需要考虑撤销行政许可是否可能对公共利益造成重大损害。

一、民事合同效力与行政许可的合法性

《合同法》第四十四条规定[①]，依法成立的合同，自成立时生效。法律、行政法规规定应当办理批准、登记等手续生效的，依照其规定。该规定实质上就包含了经行政许可方能生效的民事合同，对于法律规定应当经过许可的合同，应当以许可为生效要件。

（一）行政许可对民事合同的审查

1. 行政许可审查的内容

行政许可审查既是为了保护被许可人的合法权益，也是为了保护公共利益，故其审查的内容也多以实现这两种利益的平衡为原则。如本案涉及的外国投资者通过股权并购境内企业的，《外国投资者并购境内企业的规定》第二十一条规定了外国投资者股权并购应当向具有审批权的审批机关报送相关文件，其中就包括外国投资者购买境内公司股东股权或认购境内公司增资的协议，第二十二条还规定了协议应当适用中国法律，并规定了应当包含

---

① 现为《民法典》第五百零二条，该条规定在《合同法》第四十四条的基础上对未履行报批义务的合同的效力作了进一步明确，该条第二款规定，依照法律、行政法规的规定，合同应当办理批准等手续生效的，依照其规定。未办理批准等手续影响合同生效的，不影响合同中履行报批等义务条款以及相关条款的效力。应当办理申请批准等手续的当事人未履行义务的，对方可以请求其承担违反该义务的责任。

的主要内容。第三十二条规定了外国投资者以股权并购境内公司应报商务部审批。外国投资者并购境内企业的，涉及股权并购的，因支付方式的不同以及标的不同，所需要提供审查的相关资料也不尽相同。该领域的行政许可既是为了保护被许可人的合法权益，也是为了保护国家经济秩序和外汇管理秩序，故对此类申请是否许可，更多地体现对国家公权力的维护，不仅限于权利人双方民事合同的合意。

2. 行政许可审查的标准

对于民事合同审查，存在是以形式审查还是以实质审查的问题。因为行政许可以当事人的申请为原则，行政机关不能单方启动审查程序，审查的基础都源于被许可人的申请，《行政许可法》第三十四条第二款、第三款明确规定："申请人提交的申请材料齐全、符合法定形式，行政机关能够当场作出决定的，应当当场作出书面的行政许可决定。根据法定条件和程序，需要对申请材料的实质内容进行核实的，行政机关应当指派两名以上工作人员进行核查。"行政机关既要对材料是否符合法定形式进行审查，也需要对材料的实质内容进行核实。当然，行政机关对材料实质内容的核实到何种程度，并不够明确，应该秉持不低于一般行政审批中的审慎审查义务的原则，当然，也不能过分苛求于行政机关的实质审查，如果申请人与他人恶意串通骗取许可，行政机关在某些情况下即使尽到了审慎的义务，也难以察觉。

（二）民事合同无效对行政许可合法性的影响

1. 合同生效与行政许可的合法性之间的关系

（1）行政许可是合同生效的特别要件而非唯一条件，合同生效还需要符合一般的民事要件。（2）行政许可是合同生效的必要条件，对于符合一般民事要件的合同能否得到批准获得行政许可，还需要根据具体法律法规的要求审查。根据《民法典》的规定，合同未经许可的，虽然合同未全部生效，但是不影响合同中履行报批等义务条款以及相关条款的效力，未履行报批义务的合同方应当承担相应的法律责任，即合同为部分有效，部分未生效。（3）经过行政许可的合同并非不可确认无效或撤销，如果其存在无效或可撤销情形，仍然可以被确认无效或撤销。（4）合同的效力在很大程度上会影响行政许可的合法性，当然，也并非合同无效则行政许可必然要被撤销。合同往往只涉及双方的权利，所以更注重双方的合意，在不违反法律规定的前提下，只要经过双方合意即可成立生效，而行政许可涉及的不仅仅是合同双方当事人，其更要关注社会公共利益，故即使在合同无效的情况下，也不必然导致行政许可撤销。

2. 民事合同被确认无效后行政许可的合法性问题

《合同法》第五十二条第二项[①]规定了恶意串通，损害国家、集体或第三人利益的，合同无效。《行政许可法》第六十九条第二款规定的“以欺骗、贿赂等不正当手段取得行政许可”应当予以撤销的情形，应当根据不同的情况区别对待。如果签订的协议只是为了骗取行政许可，不存在真实的交易或协议本身非双方合意等情况，这种欺骗和虚假具有彻底性，通过此手段获取的许可，在撤销不危害公共利益的前提下，属于当然应当予以撤销的情形；如果协议的形式具有合法性，但内容不具有合法性，或者通过签订阴阳协议的方式逃避相关的审查来获得许可的，则要结合协议双方交易的真实性、是否经过双方合意等情况，考量各方是否具有可保护的合法权益，并审查根据其真实交易的协议是否符合基本的许可条件，而非一概予以撤销。

以本案为例，涉案《股权转让协议》签订系为了规避较为严格的行政审批要求，恶意串通，损害国家利益，属于以合法形式

① 《民法典》已在合同编中删除该规定，同时，在总则编第一百五十四条中规定，行为人与相对人恶意串通，损害他人合法权益的民事法律行为无效。该规定已经涵盖了《合同法》第五十二条第二项之规定。

掩盖规避更严格审批要求的非法目的，C公司没有可保护的合法权益，B公司的行政许可亦不具有可保护的信赖利益，且该许可行为因通过欺骗手段获取，给国家利益、公共利益造成了一定的损害，符合《行政许可法》第六十九条第二款规定的以欺骗手段取得的行政许可撤销的情形，但是最终是否撤销，一方面，本案真实交易并履行的是一个标的更大的《股权买卖协议》，该协议并未被确认无效，虽然在申请许可中并未提交该协议，但该协议系双方真实意思表示，属于未履行报批许可义务的未生效协议，其效力属于不确定的状态；另一方面，还涉及利益衡量，需要衡量在撤销该许可后是否会进一步危害国家利益、公共利益。

二、行政许可中的利益衡量

（一）行政许可中的公共利益

《行政许可法》体现了对被许可人信赖利益的保护，同时也体现了对公共利益的保护。

1.公共利益的界定

公共利益属于不确定法律概念，我国多部法律都有关于公共利益的规定，但又都没有对公共利益的具体界定。一些法律通过列举的方式来规定公共利益，但更多情况下，公共利益并非通过法律列举的方式来明确界定，而应根据实际情况综合判断平衡。首先，应当具有公共性，其受益主体系不特定的多数人，且这种利益的事项主要依赖以政府为代表的公共选择机制；其次，应当具有合理性，通常情况下，公共利益的实现是以私人利益的减损作为代价的，因此，实现公共利益应当遵循比例原则，对于可能的私人利益的减损与公共利益的增加进行权衡；再次，应当具有正当性，公共利益的界定应当符合社会大众的评价，应当充分尊重公众的意见；最后，应当体现公平性，因公共利益对私人利益的减损应当给予必要的补偿，当然，牺牲私人利益应当实现公共利益的增长。

2. 对公共利益保护的具体体现

（1）行政许可从功能定位上体现了对公共利益的保护，行政许可具有控制危险、配置资源、提供资信三大功能，其中，最主要的功能就是控制危险，对人身健康、生命财产安全、公共安全和公共利益等事项，需要进行事先审查和筛选，确保进入市场的主体及行为不危害公共利益。

（2）行政许可在具体实施过程中全面贯彻对公共利益的保护。对于事后发现通过违法手段获得的行政许可，一旦发现其危害公共利益的，依法予以撤销、改变或废止；对于合法的行政许可，因为法律、法规、规章修改或据以作出行政行为的客观事实发生重大变化进而为了公共利益需要而不得不撤销的，也依法予以撤销。

（二）行政许可是否予以撤销的利益衡量

1. 涉及行政许可当事人及利害关系人是否有可保护的利益

（1）与被许可人恶意串通的当事人请求撤销许可是否具有可保护的利益。以本案为例，对于 C 公司而言，其作为 B 公司获得行政许可虚假材料的提供人之一，在各方股权发生纠纷之后，又以签订的涉案《股权转让协议》虚假为由否定交易行为的存在并要求撤销案涉行政许可。一方面，股权转让系双方真实意思表示，股权转让的交易真实存在，生效民事判决明确了该案当事人的诉讼请求是宣告涉案《股权转让协议》无效，故该判决据此也仅明确了涉案《股权转让协议》无效；另一方面，C 公司因各方股权纠纷希望通过撤销行政许可以重新获取股权，明显有违诚信原则，故其申请撤销行政许可目的亦不具有正当性，不具有可保护的合法利益或信赖利益。

（2）被许可人是否具有信赖保护利益。对于 B 公司获得的许可而言，生效民事判决的认定对本案行政许可的影响主要在于确认了行政许可提交的材料不具有真实性，且属于恶意串通规避国家法律。第一，该许可获得的批准行为本身不具有合法的信赖利益，排除在《行政许可法》规定的信赖利益保护原则之外。第二，其在申请许可时提供了虚假的材料，这种行为本身造成了对国家利益和公共利益的危害，也导致了行政许可的控制危险功能未能完全实现。

2. 获取许可侵犯的国家利益、公共利益与撤销许可可能侵犯的公共利益的衡量

欺骗获得许可，侵犯的是国家利益、公共利益，但就本案而言，需要进一步考量如果撤销许可，是否有可能再一次危害公共利益，即对撤销后再一次危害的公共利益与欺骗许可侵犯的公共利益之间进行衡量。

（1）审查恶意串通获得许可侵犯的国家利益。需要考虑是否必须通过撤销许可的方式才能维护这种利益，如果在不予撤销的情况下通过其他补救方式能够弥补相应损失，并且还能够维护公共利益，则没有撤销的必要。本案中，根据现有证据显示，C 公司规避国家对外商投资和外汇管理制度，侵犯的国家利益是税收方面的巨大损失，在不撤销的情况下，也同样可以通过补缴税款等方式来挽回和弥补一定的损失。

（2）审查许可撤销后对公共利益的影响。以本案为例，市政府提供的风险评估报告是否能够作为有效证据采信是认定本案撤销行为是否会对公共利益产生影响的关键。商务部经审查后认可该报告分析的内容，就撤销《批复》和《批准证书》风险以及可能造成公共利益的损害进行的分析亦无不当。由于 B 公司的资产状况发生了重大变化情况，若撤销《批复》和《批准证书》，使股权结构恢复到收购前状态，有可能对现有的经济法律关系的效力、有关合同的履行等产生重大影响，进而影响交易的稳定性和不特定善意第三人基于商务部行政许可的信赖而产生的合法权益

的保护；同时，若撤销《批复》和《批准证书》，使股权结构恢复到并购前状态，须就并购价款及后续投入的返还、收购后经营的分配等一系列事项取得一致，鉴于目前 C 公司与 A 公司的利益诉求严重对立，一旦双方无法就上述事项达成协议，将使 B 公司经营陷入不稳定状态，甚至有可能导致 B 公司停业、清算，对当地的 D 大市场的稳定经营产生严重影响；D 大市场对该市、该地区乃至其他省份的农副产品供应有重要的作用。故在没有其他有效相反证据推翻该证据的情况下，应当尊重商务部对该证据的认定。

两者利益衡量之下，行政许可决定中对国家公共利益造成的侵犯可以通过相关的手段弥补一定的损失，而撤销行政许可虽然从一定程度上能够实现通过欺骗获得行政许可侵犯的国家公共利益的保护，但是将可能导致 D 大市场无法正常运营，进而对不特定善意第三人的合法权益及公共利益造成重大损害，且难以通过其他方式弥补，本案行政许可不应予以撤销。

3. 各方的法律责任的利益衡量

商务部在处理决定中明确了根据《行政许可法》第七十九条规定本案相关行为涉及的行政处罚问题，该问题虽然不属于本案关于行政许可效力的审查范围，但也属于利益衡量的一个重要方面。双方恶意串通提供虚假协议规避国家税款取得的许可，依法应当撤销，并依法对当事人进行行政处罚。虽然因为涉及公共利益，许可未被撤销，但对相关人员的法律责任仍然应当依法追究，对于骗取许可损害国家利益的恶意串通者应当依法进行处罚。同时，如果审批许可部门未尽审查义务，依法也应当承担相应的责任等。

法律法规链接

1.《中华人民共和国民法典》（2020年5月28日）

第一百五十四条 行为人与相对人恶意串通，损害他人合法权益的民事法律行为无效。

第五百零二条 依法成立的合同，自成立时生效，但是法律另有规定或者当事人另有约定的除外。

依照法律、行政法规的规定，合同应当办理批准等手续的，依照其规定。未办理批准等手续影响合同生效的，不影响合同中履行报批等义务条款以及相关条款的效力。应当办理申请批准等手续的当事人未履行义务的，对方可以请求其承担违反该义务的责任。

依照法律、行政法规的规定，合同的变更、转让、解除等情形应当办理批准等手续的，适用前款规定。

2.《中华人民共和国行政许可法》（2019年4月23日修正）

第六十九条 有下列情形之一的，作出行政许可决定的行政机关或者其上级行政机关，根据利害关系人的请求或者依据职权，可以撤销行政许可：

（一）行政机关工作人员滥用职权、玩忽职守作出准予行政许可决定的；

（二）超越法定职权作出准予行政许可决定的；

（三）违反法定程序作出准予行政许可决定的；

（四）对不具备申请资格或者不符合法定条件的申请人准予行政许可的；

（五）依法可以撤销行政许可的其他情形。

被许可人以欺骗、贿赂等不正当手段取得行政许可的，应当予以撤销。

依照前两款的规定撤销行政许可，可能对公共利益造成重大损害的，不予撤销。

依照本条第一款的规定撤销行政许可，被许可人的合法权益受到损害的，行政机关应当依法给予赔偿。依照本条第二款的规定撤销行政许可的，被许可人基于行政许可取得的利益不受保护。

第七十九条 被许可人以欺骗、贿赂等不正当手段取得行政许可的，行政机关应当依法给予行政处罚；取得的行政许可属于直接关系公共安全、人身健康、生命财产安全事项的，申请人在三年内不得再次申请该行政许可；构成犯罪的，依法追究刑事责任。

3.《商务部关于外国投资者并购境内企业的规定》（2019 年 6 月 22 日修改）

第十七条 作为并购对价的支付手段，应符合国家有关法律和行政法规的规定。外国投资者以其合法拥有的人民币资产作为支付手段的，应经外汇管理机关核准。外国投资者以其拥有处置权的股权作为支付手段的，按照本规定第四章办理。

第二十一条 外国投资者股权并购的，投资者应根据并购后所设外商投资企业的投资总额、企业类型及所从事的行业，依照设立外商投资企业的法律、行政法规和规章的规定，向具有相应审批权限的审批机关报送下列文件：

（一）被并购境内有限责任公司股东一致同意外国投资者股权并购的决议，或被并购境内股份有限公司同意外国投资者股权并购的股东大会决议；

（二）被并购境内公司依法变更设立为外商投资企业的申请书；

（三）并购后所设外商投资企业的合同、章程；

（四）外国投资者购买境内公司股东股权或认购境内公司增

资的协议；

（五）被并购境内公司上一财务年度的财务审计报告；

（六）经公证和依法认证的投资者的身份证明文件或注册登记证明及资信证明文件；

（七）被并购境内公司所投资企业的情况说明；

（八）被并购境内公司及其所投资企业的营业执照（副本）；

（九）被并购境内公司职工安置计划；

（十）本规定第十三条、第十四条、第十五条要求报送的文件。

并购后所设外商投资企业的经营范围、规模、土地使用权的取得等，涉及其他相关政府部门许可的，有关的许可文件应一并报送。

第二十二条 股权购买协议、境内公司增资协议应适用中国法律，并包括以下主要内容：

（一）协议各方的状况，包括名称（姓名），住所，法定代表人姓名、职务、国籍等；

（二）购买股权或认购增资的份额和价款；

（三）协议的履行期限、履行方式；

（四）协议各方的权利、义务；

（五）违约责任、争议解决；

（六）协议签署的时间、地点。

第二十九条 外国投资者以股权并购境内公司所涉及的境内外公司的股权，应符合以下条件：

（一）股东合法持有并依法可以转让；

（二）无所有权争议且没有设定质押及任何其他权利限制；

（三）境外公司的股权应在境外公开合法证券交易市场（柜台交易市场除外）挂牌交易；

（四）境外公司的股权最近1年交易价格稳定。

前款第（三）、（四）项不适用于本章第三节所规定的特殊目的公司。

第三十二条 外国投资者以股权并购境内公司应报送商务部审批，境内公司除报送本规定第三章所要求的文件外，另须报送以下文件：

（一）境内公司最近1年股权变动和重大资产变动情况的说明；

（二）并购顾问报告；

（三）所涉及的境内外公司及其股东的开业证明或身份证明文件；

（四）境外公司的股东持股情况说明和持有境外公司5%以上股权的股东名录；

（五）境外公司的章程和对外担保的情况说明；

（六）境外公司最近年度经审计的财务报告和最近半年的股票交易情况报告。

类案检索报告

一、检索工具：法信平台——类案检索。

二、关键词：行政许可、外商投资；筛选条件：案件类型——行政案件，法院层级——最高人民法院。

三、检索结果：检索关键词“行政许可、外商投资”，共检索出15件行政案件，经筛选与本案相类似的案件共检索出2件。

四、类案文书：

序号	案件名称	案由	案号
1	美国新都兴业有限公司诉景德镇市商务局、景德镇市市场和质量监督管理局、杨某股权转让许可和股权、法定代表人变更登记案	股权转让许可和股权、法定代表人变更登记	（2017）最高法行申4779号
2	广州市万兴经济发展公司诉北京市商务局股权变更批复案	股权变更批复	（2016）最高法行申1521号

（撰写人：杨科雄、牛延佳）

11. 合理确定房屋征收评估时点的规则

案情摘要

某市政府发布《征用土地方案公告》，征收集体土地用于高科技园项目建设，规定征地补偿标准和安置办法按该市《征地补偿安置条例》《征地补偿安置条例实施办法》和有关补偿标准执行。当事人依法继承的涉案房屋位于征收红线范围内，属集体土地。八年后，该房屋被区政府的职能部门违法拆除，未达成安置补偿协议或者作出相应决定，强拆行为已被生效行政判决确认违法。当事人向区政府申请行政赔偿，区政府未作出赔偿决定，遂当事人提起赔偿诉讼。

法律问题

房屋强拆行为距房屋征收时间较远的，应当如何确定评估时点？

不同观点

甲说：严格按照房屋征收决定公告或者违法强拆发生之日确定评估时点

同一房屋征收项目只有一个评估时点，而且是法定的评估时点。房屋征收补偿或者后续引发的违法强拆赔偿案件中，应当严格按照相关法律规定以房屋征收决定公告或者违法强拆发生之日为评估时点。

乙说：按照房屋征收决定公告或者违法强拆发生之日确定评估时点不足以弥补当事人合法权益的，人民法院可以合理调整

对于迟延补偿等特殊情形，按照相关评估时点不足以保障当事人合法权益的，人民法院可以根据公平补偿原则，就评估时点予以适当调整。

法官会议意见

采乙说

《国有征补条例》第二条规定的“应当对被征收房屋所有权人给予公平补偿”原则，应贯穿于征收与补偿的全过程，否则将影响正常的生产生活秩序和社会稳定。房屋作为一种特殊的财物价格波动较大，为了最大限度地保护当事人的权益，房屋损失赔偿时点的确定，应当选择最能弥补当事人损失的时点。在房屋价格增长较快的情况下，以违法行政行为发生时评估时点无法弥补当事人合法损失的，人民法院可以委托鉴定机构进行评估并合理调整评估时点，以符合公平合理的补偿原则。

意见阐释

征收补偿中的评估时点看似个技术问题，实则是公私博弈的关键。诚然，《国有征补条例》出台解决了城市房屋拆迁中的突出问题，但仍给实践活动留下一些待解难题，其中之一便是：征收与补偿的同时性未明确体现，导致征收时点、评估时点和补偿时点三者关系缺乏规定；在不合理的迟延补偿仍然存在的情况下，被征收人的公平补偿权难以获得充分保障。[①]如何化解？需要我们重新审视既有规定，合理解释评估时点的应有之义，进而回归《国有征补条例》“保障被征收房屋所有权人的合法权益”的立法本色。

一、问题的引出：“一刀切”的评估时点规定

《国有征补条例》第十九条第一款规定，“对被征收房屋价值的补偿，不得低于房屋征收决定公告之日被征收房屋类似房地产的市场价格。被征收房屋的价值，由具有相应资质的房地产价格评估机构按照房屋征收评估办法评估确定”。《国有土地上房屋征收评估办法》（以下简称《评估办法》）第十条明确规定，“被征收房屋价值评估时点为房屋征收决定公告之日。用于产权调换房屋价值评估时点应当与被征收房屋价值评估时点一致”。

以上规定的重要意义在于为《国有征补条例》第二条的公平补偿原则提供制度依据，实现“权利兑现”。主要表现为：首先，完全按照市场价格衡量房产价值。房屋价格评估制度是保障公平补偿的核心制度，然而 2001 年《城市房屋拆迁管理条例》时期的房地产评估仍然是“准市场化”的，实际执行中常出现评估价格远低于房地产市场实际交易价格的现象，造成被拆迁人在

---

① 参见耿宝建：《国有土地上房屋征收与补偿的十个具体问题——从三起公报案例谈起》，载《法律适用》2017 年第 9 期。

补偿安置中处于不利的地位，《国有征补条例》确立的“不得低于被征收房屋类似房地产的市场价格”标准，意味着被征收人所得的补偿不会比未征收情况下自愿交易所得的少，这是一个“完全市场化”的标准，必然带动房地产评估方法的改革。[①]因《评估办法》明确对房屋价值的评估，不再综合《城市房屋拆迁估价指导意见》（以下简称《估价意见》）规定的政府定期发布的“指导价”[②]，而是完全按照市场交易价格来计算，有人称之为实现“和谐拆迁”的重大举措之一，站位于基本的“市场主体”角度，不仅给予被征收人充分的地位和话语权，更充分体现政府方面对私有物权的尊重。[③]其次，设立兜底标准保障群众居住权利。确立不低于类似房地产的市场价格制度，可以使被征收人用所得补偿在市场上买到区位、面积、用途、建筑结构等方面相当的房屋，这是《国有征补条例》确定的一项新制度，是针对被征收人的保护性条款。[④]原国务院法制办、住房和城乡建设部负责人就《国有征补条例》答记者问中指出，制定条例的总体思路之一是“通过明确补偿标准、补助和奖励措施，保护被征收群众的利益，使房屋被征收群众的居住条件有改善、原有生活水平不降低”，对被征收房屋价值的补偿，不得低于房屋征收决定公告之日被征收房屋类似房地产的市场价格，市场价格包含了土地使用权的价

---

① 参见江必新主编：《国有土地上房屋征收与补偿条例理解与适用》，中国法制出版社2012年版，第29~30页。

② 《估价意见》第十四条规定：“拆迁估价应当参照类似房地产的市场交易价格和市、县人民政府或者其授权部门定期公布的房地产市场价格，结合被拆迁房屋的房地产状况进行。”

③ 参见柯善北：《实现“和谐拆迁”的重大举措——解读〈国有土地上房屋征收评估办法〉》，载《中华建设》2011年第7期。

④ 参见国务院法制办公室农林城建资源环保法制司，住房和城乡建设部法规司、房地产市场监管司编著：《国有土地上房屋征收与补偿条例释义》，中国法制出版社2011年版，第64页。

值，不低于市场价格就可以保证被征收人所得补偿在市场上能买到区位、面积、用途、结构相当的房屋。[①]最后，明确公告之日作为估价评估时点。房地产估价理论认为，“确立价值时点原则的意义在于：价值时点除了说明评估价值对应的时间，还是评估估价对象价值的时间界限。例如，有关房地产的法规、政策和估价标准等的发布、修订、废止和实施日期等，均有可能影响估价对象的价值，因此在估价时究竟是采取发布、修订、废止和实施日期之前还是之后的，就应根据价值时点来确定。”[②]明确以公告之日作为正式的评估时点，可以与征收实务中的预估时点相区别，通过配套措施保护被征收人的合法权益。[③]

直接将公告之日作为私有产权的时间界限，这种“一刀切”的规定更具普遍性和确定性，有其积极意义：一是锁定评估对象，防止突击建房、改变用途。与《国有征补条例》第十六条第一款规定[④]的精神相符，不鼓励“确定房屋征收范围后，不当增加补偿费用”的投机行为。二是统一补偿标准，防止权力寻租、有损公平。因人而异的评估时点只会增加被征收人的“寻租”空间，导致不当增加补偿费用的现象严重，对依法搬迁的住户不公，极易引发征迁“回流”。三是因公告张贴于征收范围内及其周围醒目、易于公众阅读的地方，也因公告载明征收补偿方案和行政复议、行政诉讼权利等重要事项，没有比之更适合作为同一

---

① 参见《国务院法制办、住房和城乡建设部负责人就〈国有土地上房屋征收与补偿条例〉答记者问》，载《人民日报》2011 年 1 月 23 日。

② 柴强主编、中国房地产估价师与房地产经纪人学会编写：《房地产估价理论与方法》，中国建筑工业出版社 2017 年版，第 161 页。

③ 参见贾明宝、王祎：《房屋征收补偿评估若干问题刍议》，载《中国房地产估价与经纪》2013 年第 1 期。

④ 《国有征补条例》第十六条第一款规定：“房屋征收范围确定后，不得在房屋征收范围内实施新建、扩建、改建房屋和改变房屋用途等不当增加补偿费用的行为；违反规定实施的，不予补偿。”

征收项目评估的时间节点。

尽管原则易于阐述，但运用征收权的具体细节却常常导致棘手而有争议的问题，比如之前热议的公共利益如何界定问题，以及如何看待合理补偿问题。有人提出，评估时点“一刀切”的规定过于僵硬，在估价目的明确的情况下，未考虑特殊情形下导致的评估时点与估价对象状况、房地产市场状况不匹配的问题，无法如实体现财产的应有价值，进而有碍公平补偿原则的实现。

二、问题的分析：评估时点可以重新选定

以房地产估价为例，估价时点是估价结果的对应日期，是所评估的估价对象价值或价格对应的某一特定时间[①]。住房和城乡建设部发布的《房地产估价规范》（2015 年 12 月实施）规定，房地产的市场价值评估，应遵循价值时点原则，评估价值应为在根据估价目的确定的某一特定时间的价值或者价格。“房地产估价之所以要遵循价值时点原则，是因为影响房地产价格的因素是不断变化的，房地产市场是不断变化的，从而房地产价格和价值是不断变化的。实际上，随着时间的流逝，房地产本身也可能发生变化，如建筑物变得陈旧过时，周围环境有所改变等。因此，同一房地产在不同的时间通常会有不同的价值。”[②] 简言之，房地产估价实务中的价值时点原则，一是强调“先有评估时点，后有评估价值”，是特定时点的市场价值；二是该时点价值受估价对象状况、房地产市场状况的影响。通观评估行业、政府部门以及人民法院的执法情况，有观点认为，同一房屋征收项目只有一个评估

---

① 参见原建设部发布的《房地产估价规范》（1999 年 6 月实施）第 2.0.5 条；住房和城乡建设部发布的《房地产估价基本术语标准》（2014 年 2 月实施）第 2.0.11 条。

② 柴强主编、中国房地产估价师与房地产经纪人学会编写：《房地产估价理论与方法》，中国建筑工业出版社 2017 年版，第 161 页。

时点，而且是法定的评估时点；还有观点认为，对于迟延补偿等特殊情形，评估时点的确定只能因案而宜，不能机械执行，否则有损合理补偿原则。相比而言，在一个对价平衡的框架下讨论合理补偿问题，即评估时点在特殊情形下可以重新选定，可能更为合理。主要理由有以下几点。

理由一：征收与补偿的“唇齿关系”，要求政府及时履行合理补偿义务。关于私有产权和征用（收）的问题，制度经济学认为[①]，一是在正常情况下，将私有财产充公必须要由国家给予“合理补偿”，多方面的司法实践和法律传统已经形成了将征收与“合理补偿”联系在一起的规则。二是国家实施征用（收），必须进行三项检验：（1）征用（收）现存私有产权的建议是否能促进政策目标；（2）根据专家的最高判断，干预的预期获益是否会超过预期成本；（3）被征收的产权的所有者是否按合理条件得到了补偿，即相当于适当自由市场价值的补偿。如果征用（收）没有符合上述条件，那就是对长期繁荣和现代文明诸支柱之一进行的攻击。三是除了公共利益如何界定外，在实践中一项征用（收）的合理补偿意味着什么，还存在着争议；在要进行征用（收）之前，如果能建立产权的市场价值，合理补偿就应该是这种市场价值。据此论之，可以归纳为以下三个要点：一是有征收必有补偿，两者“唇齿相依”，不可分割；二是合理补偿的是房地产的市场价值，即产权的自由市场交易价格；三是应以征收发生时的市场价值为据，即补偿要紧随其后，使征收时点（评估时点）与补偿时点尽量靠近。要点三是“征收与补偿同步进行”下的理想状态，《国有征补条例》与配套的《评估办法》有关评估时点的规定正是基于此种乐观预设，忽略了征收实践中政府机关未及时

① 参见［澳］柯武刚、［德］史漫飞、［美］贝彼得：《制度经济学财产、竞争、政策》，柏克、韩朝华译，商务印书馆2018年版，第262~263页、第411~412页。

履行补偿义务的特殊情形。在征收时点、评估时点与补偿时点分处于不合理期间时，特别是对于处于高涨时期的房地产市场来说，可以根据后续履行补偿义务的情况，对评估时点进行调整。

理由二：《国有征补条例》的立法精神，要求政府保障被征收人原有的居住水平。《国有征补条例》第二条的公平补偿原则以及第十九条第一款“对被征收房屋价值的补偿，不得低于房屋征收公告之日被征收房屋类似房地产的市场价格”规定是贯穿于征收与补偿始终的，其目的在于兜底保障被征收人能够通过房屋补偿金额购买类似的房地产，加上其他补助和奖励措施，使房屋被征收群众的居住条件有改善、原有生活水平不降低。此规定的立法本意，是要保证被征收人以被征收房屋价值的补偿，买到与被征收房屋处在同一供求范围内，并在用途、规模、建筑结构、新旧程度、档次、权利性质等方面相同或者相似的房地产，这是对被征收房屋价值补偿的基本要求，也是《民法通则》及《城市房地产管理法》有关保障被征收人居住条件的规定的具体体现。[①]据此，更应该关注的是结果上，房屋补偿金额能否足以购买类似的房地产，即在迟延补偿、补偿间断等特殊情形下，为满足上述立法精神，应允许评估时点适当脱离征收时点，向补偿时点靠近。并且，《评估办法》仅是部门规范性文件，在与上位法精神相悖的情形下，可以对下位法过于刚性的规定不予适用。

理由三：参照分段拆迁行为确定评估时点的观点亦有其道理[②]：过去在房屋拆迁体制下，以拆迁许可证颁发之日为价值时点只是原则，分段拆迁估价时点根据拆迁时间段变化，一段一个价值时点，反映出了拆迁补偿跟随房地产市场的变化而变化的特

① 参见王胜斌：《对被征收房屋价值的补偿初探》，载《中国房地产》2011年第3期。

② 参见王胜斌：《房屋征收补偿拖延后再启动评估价值时点的确定》，载《中国房地产估价与经纪》2016年第1期。

征，可以保护被征收人的利益不受损害。从评估的角度看，具有相似性，都将被征收房屋分割于两个相对不同的房地产市场之中，为使房屋征收补偿跟随房地产的变化，参照分段拆迁的做法，可以保持征收补偿金与被征收房屋类似房地产的市场价值，动态地跟随房地产市场的变化走，始终维持等价关系。

三、分析的结论：重新选定需要遵循相关规则

征收补偿从完全补偿原则、不完全补偿原则发展演进到现今的公平补偿原则。一方面，公平补偿原则避免了对个人财产的过度关注、所有权个人理性的过度膨胀；另一方面，避免了不完全补偿原则对公共利益的过分保护，该原则有利于保证在不损害个人利益的前提下实现公共利益，获得公共利益和私人利益的双赢，达成“补偿要与因征收造成的损失相当”之目的，可以说房地产估价在《国有征补条例》和《评估办法》确立的按照市场价格公平补偿为核心的征收补偿制度中扮演着重要角色。[①] 而重新选定评估时点看似“违逆”既有规定，实则是形式法治向实质法治的进阶，是特殊情形下私有产权与公共利益的博弈。人民法院可以通过评估时点等事项，对构成房屋补偿决定之前提的公平补偿的判断取舍进行实质性审查。且不论被诉行政行为系房屋征收补偿决定还是协议，在审理中可以将征收补偿置于私有产权市场交易的场景中进行考量，通过裁判规则，努力维护征收补偿的对价关系。有必要引入实质审查，在私有产权和公共利益博弈之间居中平衡。

首先，评估时点原则上应是法律规定的房屋征收决定公告之日，并且补偿时点距离前者处于合理期间内。

---

① 参见梁津、齐宏：《按市场价格公平补偿及其实现——兼论估价在房屋征收与补偿中的重要作用》，载《中国房地产估价与经纪》2011 年第 5 期。

1. 关于合理期间问题

立即签订补偿协议或者作出补偿决定过于理想，允许征收补偿适当滞后则较为合理，便于征收部门完成选定评估机构、组织现场勘验、公示分户报告、协商签订协议等后续工作。关键是如何确定合理期限？结合征收工作实际和房地产市场状况，距离评估时点（征收时点与之重合）不宜超过一年。主要理由为：一是如顺利推进，一个征拆项目自征收决定生效（公告）之日后三个月内，大部分被征收人都能签订补偿协议，少部分不愿意的签订可能长达一年至二年。[①] 实践中，会在征收公告上载明签订补偿期限，一般都在公告之日起一年之内。二是估价程序要求估价师在撰写估价报告时，载明“估价报告使用期限”，自估价报告出具之日起计算，使用估价报告不得超过该时间；该期限应根据估价目的和预计估价对象的市场价格变化程度来确定，不宜超过一年。[②] 此外，《房地产抵押估价指导意见》第二十六条第一款规定：“估价报告应用有效期从估价报告出具之日起计，不得超过一年；房地产估价师预计估价对象的市场价格将有较大变化的，应当缩短估价报告应用有效期。”据此论之，房地产市场状况是认定合理期限的一个重要因素；一年之内房地产市场价值波动较小，在一年之内作出补偿不易对被征收人产生实质损害。

2. 关于补偿时点问题

房屋征收补偿类似于私有产权的市场交易，不能简单以补偿协议的签订时间或者补偿决定的作出时间为补偿时点，还要看征收部门的履行情况。征收部门积极履行补偿决定或者补偿协议，已经交付补偿款项、周转用房或者产权调换房的，抑或依法将标

---

① 参见中国房地产估价师与房地产经纪人学会 2010 年 8 月 5 日有关评估时点征求意见讨论记录。

② 参见柴强主编、中国房地产估价师与房地产经纪人学会编写：《房地产估价理论与方法》，中国建筑工业出版社 2017 年版，第 420 页。

的物（款项、房屋凭证与钥匙）提存的，才能视为“全面履行自己的义务”，导致债权债务关系终止，相应时间即为补偿时点。

关于合理期限、补偿时点的上述认定，可以倒逼征收部门及时补偿，维护征收与补偿的对价关系：一方面，在无法就补偿问题达成协议时，督促征收部门尽快依法作出补偿决定，送达当事人；另一方面，避免因征收部门原因，比如资金周转紧张等，在签订补偿协议或者作出补偿决定后延迟履行，损及被征收人的产权利益，难以保障得到的货币补偿可以购买类似房产。对于征收部门在合理期间作出补偿的，人民法院一般应予尊重。

另外，超出合理期间作出补偿或者未予补偿的，不一定启动“时点重选”，除非满足实质损失要件。关于实质损失要件，补偿时点距离评估时点超出合理期间的，且实际上影响被征收人“权利兑现”的情形，最高人民法院在个案中认为：“对上述法律规定中有关‘被征收房屋价值评估时点为房屋征收决定公告之日’的规定，就应当结合《国有征补条例》有关‘公平补偿’条款，作统一的法律解释，而不能静止、孤立、机械地强调不论征收项目大小、征收项目实施日期以及是否存在市、县级人民政府及其职能部门的单方责任，也不考虑实际协议签订日或者补偿决定作出日甚至实际货币补偿款支付到位日的区别，均以征收决定公告之日作为评估时点。”[①] 撇开各种评估时点以及背后的考量因素，判断一个评估时点是否合法合理的标准还是在于能否维护征收与补偿之间基本的对价关系。应结合估价目的和估计对象在补偿时点之前一年内的市场价格变化程度进行评判，在显失公平影响其购买或者重新享有类似房产的场合下，应当允许予以调整，重新选定评估时点。

---

① 最高人民法院（2018）最高法行再 202 号居李等 3 人诉福州市鼓楼区人民政府房屋征收补偿决定行政判决。

延伸阅读

最高人民法院、部分高级人民法院对评估时点引发的合理补偿问题已经有所意识。

（一）有观点认为，同一房屋征收项目只有一个评估时点，而且是法定的评估时点

房地产估价行业认为，将“征收决定生效之日”作为评估时点有其利处[①]：一是征收决定生效之日的时间明确，可减少评估中确定评估时点的随意性；二是与《估价意见》中规定的“拆迁许可证颁发之日”的评估时点相衔接，使政策具有连续性，不会因评估时点的改动引起不必要的麻烦；三是一个征收项目内的被征收房屋的评估时点相同，可使该征收项目内被征收房屋评估所依据的房地产市场状况相同，从而使不同被征收人之间得到的补偿相对公平合理，也避免由于评估时点的随意性引起被征收人相互攀比和导致不必要的争议。出于标准统一的考虑，有以下具体观点。

第一，如估价时点的确定性强调补偿标准的统一性，“《城市房屋拆迁管理条例》和《城市房屋拆迁估价指导意见》明确在一个项目许可的同一拆迁期限内，只能是一个估价时点。……就是要求在同一拆迁期限内对拆迁范围内所有住户实行统一的补偿标准。”[②]

第二，如非法定评估时点的评估报告宜仅作为参考，“从现

① 参见中国房地产估价师与房地产经纪人学会2010年8月5日有关评估时点征求意见讨论记录。此处的“征收决定生效之日”在2010年12月15日原国务院法制办向社会公布的《国有征补条例（第二次征求意见稿）》第十六条中已经修改为“房屋征收决定公告之日”，并且成为条例的最终规定。

② 张必胜：《如何认识估价时点价值与等价补偿的矛盾问题》，载《中国房地产估价师》2006年第3期。

行法律规定和技术规范的要求看，非法定时点的评估价格就不是合法的补偿价格。所以，从合法角度出发，……告知新评估时点的评估结果只是作为调整补偿方案的参考，不能替代法定评估时点的评估结果，还应当提示委托方，安置房等也应按法定评估时点进行调整。”[1]

第三，如严格把握估价的基准时间，“也即要把握准确评估的时间节点。《国有征补条例》第十九条所规定的‘房屋征收决定公告之日’应当作为房地产价格评估的基准时点。对于一些大的项目可能需要分期分段实施的，可以分批次作出征收决定。同时，如果征收决定与补偿决定间隔时间较长，除了以房屋征收决定公告之日作出评估报告外，在实际支付补偿款时，有必要考虑被征收人因晚拿到补偿金之合理损失等因素，也可通过补助方式支付。”[2]

第四，如审理迟延补偿案件时，从最高人民法院提审改判案件[3]看，以法定的评估时点为有效的时点；有研究以“评估时点”为关键词，对中国裁判文书网检索出的2018年全国行政类型涉及迟延补偿的135份案例进行分析，坚持公告日为评估时点的有89份，否认公告日为评估时点的有42份，回避评估时点争议的有4份，所占比例分别为66%、31%和3%。[4]

---

① 贾明宝、王祎：《房屋征收补偿评估若干问题刍议》，载《中国房地产估价与经纪》2013年第1期。

② 江必新主编：《国有土地上房屋征收与补偿条例理解与适用》，中国法制出版社2012年版，第195页。

③ 比如最高人民法院（2018）最高法行再202号行政判决，认为“则不宜再坚持必须以‘征收决定公告之日’为确定补偿的评估时点。”

④ 参见翁川龙、陆伟明：《房屋征收评估时点审理研究》，载《行政与法》2020年第2期。

（二）还有观点认为，对于迟延补偿等特殊情形，评估时点的确定只能因案而宜，不能机械执行，否则有损合理补偿

房地产估价行业担心，单一地将“征收决定生效之日”作为评估时点有其弊端[①]：一是征收决定生效之日比实际给予被征收人补偿之日要早，在此期间房价可能出现较大幅度上涨，从而被征收人会认为评估价低，不接受评估价；二是同一个征收项目内早搬迁和晚搬迁的评估时点相同，晚搬迁的被征收人可能因房价出现上涨而不接受评估价。出于合理补偿的考虑，有以下几种具体观点。

第一，如征收评估人员的研究建议。“出于征收补偿的目的，再次启动被长期拖延的房屋征收补偿程序，对未征收完结的房屋进行评估时，评估价值时点不应再是征收决定公告之日，而应是决定再次启动征收补偿评估程序之日。”[②]或者建议应当将《评估办法》第十条一款修改为“评估被征收房屋价值时点原则上为房屋征收决定公告之日”或在第二款后增加一款，明确“房屋征收决定公告之日一年以后实施房屋征收补偿的，评估被征收房屋价值时点为确定开始实施房屋征收补偿之日”。[③]或者建议“建立合理的评估制度，对被拆迁房屋价值进行合理的评估，签约前评估师进行修正，评估时点应为签订合同之日，实现房屋的经济价值，保证被拆迁人原有房屋的物权”。[④]

第二，如人民法院的裁判观点。（2015）最高法行提字第20号房屋强拆及行政赔偿判决认为：“以法院委托评估时为准，更

---

① 参见中国房地产估价师与房地产经纪人学会2010年8月5日有关评估时点征求意见讨论记录。

② 王胜斌：《房屋征收补偿拖延后再启动评估价值时点的确定》，载《中国房地产估价与经纪》2016年第1期。

③ 王胜斌：《被征收房屋价值评估时点如何定》，载《城乡建设》2017年第14期。

④ 余蔚：《对拆迁评估时点的思考》，载《中国房地产》2011年第7期。

加符合公平合理的补偿原则，为此本案将委托评估机构评估的2019年4月18日作为评估时点。”（2016）最高法行再80号行政判决认为：“被征收人有权主张以作出征收补偿决定或者签订征收补偿协议时的市场价格作为补偿基准。”（2017）最高法行再101号房屋行政强制及行政赔偿判决认为：“结合《国家赔偿法》第三十六条诸项规定以及许某云申请再审的请求，婺城区政府既可以用在改建地段或者就近地段提供类似房屋的方式予以赔偿，也可以根据作出赔偿决定时点有效的房地产市场评估价格为基准计付赔偿款。”（2018）最高法行再202号行政赔偿判决认为：“本案被征收房屋和产权调换房屋价值评估时点，不宜再确定为征收决定公告时点的2013年7月19日，而应当确定为补偿决定作出时点的2016年5月23日。”（2018）最高法行再34号行政赔偿裁定认为：“在皇姑区政府无法给付王某成安置房屋的情况下，王某成应得到的房屋损失赔偿数额不应低于因依法拆迁所应得到的补偿，故可参照一审判决时被拆迁房屋安置地段商品住宅平均价格予以确定。”（2017）鲁行终911号行政赔偿判决认为：“宋某岩在法院确认市南区政府强制拆除违法后于合理期间内提起行政赔偿诉讼，不存在怠于行使诉讼权利的情形，鉴于涉案房屋周边房地产价格明显上涨，应当按照本案判决时涉案房屋周边房地产的市场交易价格予以赔偿。经调查，涉案房屋周边房地产的市场交易价格为每平方米2万元到2.2万元，与被上诉人庭审中的主张一致，在宋某岩未申请对其房屋价值评估鉴定的情况下，从有利于赔偿申请人的角度出发，本院酌情依上限认定涉案房屋行政赔偿标准为每平方米2.2万元。”

第三，如地方法院司法文件、行政审判专家观点。《河南省高级人民法院发布审理违法征收、违法强拆类行政赔偿案件工作指南（试行）》（2020年4月实施）第七条第二款规定：“未经法定程序评估或者赔偿义务机关作出的征收补偿决定违法或者显失公平，当事人各方提交的证据均不能证明房屋客观价值的，原则上应将赔偿案件一审立案日作为评估基准日，通过委托评估确定房屋价值损失。”最高人民法院行政庭法官认为：“既不能一律以征收决定公告之日评估价格作为补偿的基础，否则可能会显著降低被征收人的住房保障条件，背离《国有征补条例》保障被征收人合法权益的立法精神；但也不能一律以法院裁判时点的市场价格作为基准，否则必然造成补偿标准不统一，甚至会变相诱导当事人通过诉讼拖延征收补偿过程。因此，针对不同原因造成的迟延补偿问题，应相应作出不同安排。具体可以考虑采取以下方式：…… 对市县级政府超过合理期限且无正当理由未予补偿，又不能证明被征收人同意延期协商补偿的，人民法院可将实际作出补偿决定的时点或者双方协商的时点作为评估时点。市县级政府严重违法，在无征收决定、无补偿决定的情况下恶意违法强制搬迁，且长期拒不解决补偿问题，对被征收人合法权益造成重大损害的，甚至可以考虑以一审审理时点作为评估时点。”①

法律法规链接

1.《国有土地上房屋征收与补偿条例》（2011 年 1 月 21 日）

第二条 为了公共利益的需要，征收国有土地上单位、个人的房屋，应当对被征收房屋所有权人（以下称被征收人）给予公平补偿。

第十六条 房屋征收范围确定后，不得在房屋征收范围内实施新建、扩建、改建房屋和改变房屋用途等不当增加补偿费用的行为；违反规定实施的，不予补偿。

① 耿宝建：《国有土地上房屋征收与补偿的十个具体问题——从三起公报案例谈起》，载《法律适用》2017 年第 9 期。

房屋征收部门应当将前款所列事项书面通知有关部门暂停办理相关手续。暂停办理相关手续的书面通知应当载明暂停期限。暂停期限最长不得超过1年。

第十九条第一款 对被征收房屋价值的补偿，不得低于房屋征收决定公告之日被征收房屋类似房地产的市场价格。被征收房屋的价值，由具有相应资质的房地产价格评估机构按照房屋征收评估办法评估确定。

2.《国有土地上房屋征收评估办法》（2011年6月3日）

第十条 被征收房屋价值评估时点为房屋征收决定公告之日。

用于产权调换房屋价值评估时点应当与被征收房屋价值评估时点一致。

3.《房地产抵押估价指导意见》（2006年1月13日）

第二十六条第一款 估价报告应用有效期从估价报告出具之日起计，不得超过一年；房地产估价师预计估价对象的市场价格将有较大变化的，应当缩短估价报告应用有效期。

类案检索报告

一、检索工具：法信平台——类案检索。

二、关键词："评估时点"；筛选条件：法院层级——最高人民法院。

三、检索结果：检索关键词"评估时点"，共检索出242件行政案件，精选类案4件。

四、类案文书：

序号	案件名称	案由	案号
1	靳某卫诉天津市红桥区人民政府房屋征收补偿案	房屋征收补偿	（2019）最高法行申 12674 号
2	居李等 3 人诉福州市鼓楼区人民政府房屋征收补偿案	房屋征收补偿	（2018）最高法行再 202 号
3	许某云诉浙江省金华市婺城区人民政府房屋行政强制及行政赔偿案	行政强制、行政赔偿	（2017）最高法行再 101 号
4	山西省安业集团有限公司诉山西省太原市人民政府收回国有土地使用权补偿案	收回国有土地使用权补偿	（2016）最高法行再 80 号

（撰写人：马永欣、金诚轩）

12. 违法建筑被违法强制拆除后当事人的损失赔偿问题

案情摘要

2006年，自然人甲未经规划审批在本村集体土地上建成厂房一间。2014年5月，县规划局对甲作出责令停止建设并限期拆除决定，认定：甲未经规划行政许可，擅自在集体土地上搭建厂房，违反了《城乡规划法》第四十条之规定，责令立即停止建设，并限三天内自行无偿拆除，逾期不履行决定，将依照《城乡规划法》第六十八条规定，查封施工现场并组织强制拆除。甲不服县规划局的决定，向县政府申请行政复议。县政府认为涉案厂房确属违法建筑，依法维持了县规划局的决定。甲申请行政复议的当天，县政府控建拆违工作领导小组办公室（以下简称县控建拆违办）发布违法建筑限期拆除报告，载明：根据《城乡规划法》第六十八条和《行政强制法》第四十四条之规定，责令甲在第二天8：00之前自行无偿拆除违法建筑，逾期未自行拆除，县规划局、县控建拆违办将依法对违法建筑实施强制拆除。因甲未按期履行拆除义务，县政府组织有关单位于报告发布第二日上午对甲的厂房进行了强制拆除。甲向人民法院提起行政诉讼，请求确认强制拆除行为违法，并赔偿相关损失。人民法院经审查认为，强制拆除行为程序重大违法，遂确认该行为违法。但在赔偿问题上，就是否对被认定为违法建筑的损失进行赔偿产生分歧。

法律问题

违法建筑被违法强制拆除时，当事人的损失是否应予赔偿?

不同观点

甲说：不应赔偿

行政机关及其工作人员违法行使职权给当事人合法权益造成损害的，当事人可以通过申请行政赔偿予以救济。即行政行为的违法性与被损害利益的合法性是当事人赔偿诉求得到支持需要同时具备的条件。违法建筑不属于《国家赔偿法》应予保护的范围的，当事人的行政赔偿诉求不应支持。

乙说：应予赔偿

违法建筑拆除过程中，也存在合法利益保护问题。行政机关应当在调查、认定的基础上，依照法定的权限、方式、步骤实施行政强制拆除行为。因为违法实施行政强制拆除行为造成当事人合法权益损失的，行政机关应予依法行政赔偿。

法官会议意见

采乙说

依法行政是行政机关在行政职权行使过程中应当遵循的基本准则，也是我国立法、行政、司法所要实现的共同

目标。现阶段，我国法律法规从实体到程序，对于行政机关行使行政职权进行了全方位的规范，区别于针对公民权利保护的“法不禁止皆可为”，“法无授权不可为”“法定职责必须为”是行政机关行使国家公权力时必须遵循的基本准则。这些准则要求行政机关在职权行使过程中，即使面对违法当事人的违法行为，也要严格依照法律规定进行处理。违法实施强制拆除违法建筑给当事人合法权益造成损失的，行政机关应予赔偿。

意见阐释

一、保护与监督并重的行政诉讼目的

保护公民、法人和其他组织的合法权益是行政诉讼的首要目的。行政机关实施的行政行为既包含赋予当事人某种资格、给付当事人某种利益的受益性行政行为，亦包含给予当事人某种限制、课以当事人某种义务的损益性行政行为。应当认定的资格未认定、应当给付的利益未给付或不适当给予限制、课以义务等行政行为都会使当事人的合法权益受到损害。

监督行政机关依法行使行政职权是行政诉讼的重要目的。行政权力涉及社会生活的方方面面，与每一个人都休戚相关，具有无限“广泛性”；同时，行政权力具有天然的“扩张性”，如不加限制，极易导致专横、滥用甚至腐败。行政诉讼作为监督、约束行政权力行使的重要途径，在保证行政权力有效行使而不致被滥用方面发挥着至关重要的作用。人民法院对纳入行政诉讼范围的行政立法、行政管理、行政处罚、行政强制等行政行为依照实体及程序行政法律规范，从行政机关实施行政行为的职权、依据、方式、步骤等方面全方位予以合法性审查，并通过对行政行为的

撤销、确认违法等否定性评价或责令行政机关承担赔偿责任的方式使当事人受到损害的合法权益得以救济。

监督行政权力是为了更好地保护合法权利，保护合法权利是监督行政权力的意义所在。监督是手段，保护是目的，二者有机统一，相辅相成，共同推动行政争议的实质化解。

二、保护与监督在行政诉讼中的实现方式

（一）绝对的合法性审查

《行政诉讼法》第六条规定，人民法院审理行政案件，对行政行为是否合法进行审查。即行政诉讼以合法性审查为原则。该合法性审查要求包含实体与程序两方面的内容：一是实体合法，即行政机关作出的行政行为，是否有法律依据，是否在其法定职权范围内作出，适用的法律、法规是否正确等。如行政机关作出一个规划处罚决定，法院在审查时，要看该行政机关是否具有作出规划行政处罚的职权，被处罚的当事人是否存在《城乡规划法》规定的违法行为，该规划处罚决定是否有《城乡规划法》等相关实体法依据等。二是程序合法，即行政机关作出行政行为的方式、步骤、时限等是否符合法律规定。如行政机关实施的拆除违法建筑这一事实行为，法院要根据《行政强制法》的规定审查行政机关是否依法履行了书面催告、听取当事人的陈述和申辩、作出强制执行决定、公告等程序。如果行政机关实施强制拆除行为时没有遵守这些程序性规定，也会因违反正当程序原则引起拆除行为被确认违法甚至行政赔偿的法律后果。

（二）有限的合理性审查

人民法院行政诉讼以合法性审查为原则，合理性一般属于行政机关自由裁量的范围，法院不应过多干涉。但实践中，合法性与合理性并非绝对对立，二者实际只是程度上的区别，严重的不合理就会成为违法。《行政诉讼法》第七十条将滥用职权、明显

不当规定为人民法院可对行政行为判决撤销的情形，表明人民法院在行政诉讼中也对行政行为进行有限的合理性审查。有限的合理性审查原则要求人民法院司法审查过程中应注意到行政行为的适当性，即行政机关采取的措施及方法是否有助于行政目的的实现。如实践中比较普遍的自然人（多数为集体经济组织成员）在集体土地上建设养殖场的问题。对于他们是否需要办理规划审批手续，各地规定不一，目前法律上亦不明确，实践中争议很大。例如，某地规划部门从未给所辖范围内养殖场办理过规划审批手续，这种情况下，如果规划部门对辖区内早已建成并长期经营的的养殖场以其不符合规划为由，作出责令退出土地、拆除违法建筑并罚款的处罚，明显不符合《城乡规划法》维护城乡规划目的之实现。有限的合理性审查原则还要求法院审查过程中应注意到行政行为的必要性，即在有多种可达成行政目标的方法可供选择时，行政机关应选择对相对人权益侵害最小的方式，不能超出必要的限度。如针对相对人未取得建设工程规划许可证或者未按照建设工程规划许可证的规定进行建设的事实，能够通过责令停止建设、采取改正措施的方式消除规划违法情形的，规划部门不得采取限期拆除、没收违法标的的处罚方式。

三、同类案件的裁判思路

（一）部分违法建筑存在的合理性

所谓违法建筑，是指违反《土地管理法》《城乡规划法》《公路法》《水法》等实体法律规范规定进行建造的建筑物、构筑物。以不符合《城乡规划法》要求的违法建筑为例，主要包括未依法取得规划许可手续和未按照规划许可手续要求进行建设的建筑物。

违法建筑形成的原因是多方面、多层次的。大多数的违法建筑属于因当事人自身的原因、自建设时即违法的违法建筑，往往具有非法占用耕地、破坏生态环境等严重危害性，对该类违法建筑要采取“零容忍”的态度，不仅要坚决予以拆除，当事人还要付出承担拆除违建费用等代价。但不可否认，除了当事人自身的原因外，前些年部分地区片面追求经济发展，部分行政机关以罚款代处罚，甚至政策的调整、法律的修改等原因也造成实践中部分违法建筑的存在。

（二）强拆行为的合法性与合理性审查

行政诉讼以行政行为为标的，具体到强制拆除案件中，人民法院主要就行政机关实施的强制拆除行为进行审查，该审查内容包括：（1）强拆职权、依据是否充分，如强拆机关是否具有《城乡规划法》《行政强制法》规定的强制执行权，其实施强拆行为是否以行政机关依法作出的行政决定为依据？（2）强拆程序是否合法，如是否按照法定的要求履行了催告、听取陈述和申辩、作出强制执行决定、公告等程序？是否等待当事人对执行依据的复议、诉讼期限届满才实施强拆行为？（3）拆除方式是否明显不当，如强拆是否为达到行政管理目的所必需？强拆措施是否审慎、善意，而非过于蛮横、暴力？是否尽可能将对当事人的损害限制在最小范围和限度之内？以本案为例，县控建拆违办在甲对责令停止建设并限期拆除决定申请复议的当天，发布违法建筑限期拆除报告，责令当事人在报告发布第二天 8：00 之前自行拆除违法建筑，且报告发布第二天涉案厂房即遭强制拆除，前述情形明显不符合《行政强制法》规定的强制拆除程序。行政机关给当事人预留的自行拆除时限过短，突破了普通人正常完成的时限要求，变相剥夺了当事人自行拆除的选择权，违法且明显不当。

（三）违法强拆违法建筑可能造成的合法权益损害

违法建筑是违反实体法律规范的非法建设行为形成的建筑物、构筑物，本身不是合法财产，不属于《国家赔偿法》规定的应予保护的合法权益。但违法建筑内物品、拆除后留下的建筑材料等，并未被没收，仍应归属于原权利人所有。通过当事人自行拆除行为或行政机关谨慎拆除行为本可以避免的违法建筑内物品损失、仍可使用的建筑材料损失等，因行政机关强拆行为违法或明显不当而未能避免或损失扩大，是对当事人合法权益的损害，行政机关应承担赔偿责任。

法律法规链接

1.《中华人民共和国行政诉讼法》（2017 年 6 月 27 日第二次修正）

第六条 人民法院审理行政案件，对行政行为是否合法进行审查。

第七十条 行政行为有下列情形之一的，人民法院判决撤销或者部分撤销，并可以判决被告重新作出行政行为：

（一）主要证据不足的；

（二）适用法律、法规错误的；

（三）违反法定程序的；

（四）超越职权的；

（五）滥用职权的；

（六）明显不当的。

2.《中华人民共和国国家赔偿法》（2012 年 10 月 26 日第二次修正）

第二条 国家机关和国家机关工作人员行使职权，有本法规定的侵犯公民、法人和其他组织合法权益的情形，造成损害的，受害人有依据本法取得国家赔偿的权利。

3.《中华人民共和国行政强制法》（2011 年 6 月 30 日）

第五条 行政强制的设定和实施，应当适当。采用非强制手段可以达到行政管理目的的，不得设定和实施行政强制。

第三十五条 行政机关作出强制执行决定前，应当事先催告当事人履行义务。催告应当以书面形式作出，并载明下列事项：

（一）履行义务的期限；

（二）履行义务的方式；

（三）涉及金钱给付的，应当有明确的金额和给付方式；

（四）当事人依法享有的陈述权和申辩权。

第三十六条 当事人收到催告书后有权进行陈述和申辩。行政机关应当充分听取当事人的意见，对当事人提出的事实、理由和证据，应当进行记录、复核。当事人提出的事实、理由或者证据成立的，行政机关应当采纳。

第三十七条 经催告，当事人逾期仍不履行行政决定，且无正当理由的，行政机关可以作出强制执行决定。

强制执行决定应当以书面形式作出，并载明下列事项：

（一）当事人的姓名或者名称、地址；

（二）强制执行的理由和依据；

（三）强制执行的方式和时间；

（四）申请行政复议或者提起行政诉讼的途径和期限；

（五）行政机关的名称、印章和日期。

在催告期间，对有证据证明有转移或者隐匿财物迹象的，行政机关可以作出立即强制执行决定。

第四十四条 对违法的建筑物、构筑物、设施等需要强制拆除的，应当由行政机关予以公告，限期当事人自行拆除。当事人在法定期限内不申请行政复议或者提起行政诉讼，又不拆除的，行政机关可以依法强制拆除。

类案检索报告

一、检索工具：法信平台——类案检索。

二、关键词：违法建筑、行政赔偿；筛选条件：审理法院——最高人民法院。

三、检索结果：检索关键词“违法建筑、行政赔偿”，共检索出 1 件行政案件。

四、类案文书：

序号	案件名称	案由	案号
1	方某龙诉南宁高新技术产业开发区管理委员会强制拆除设施及行政赔偿案	强制拆除设施及行政赔偿	（2017）最高法行申 718 号

（撰写人：李小梅、任海霞[①]）

① 时任最高人民法院第四巡回法庭成长计划法官，河南省洛阳市中级人民法院法官。

13. 依法提前收回国有土地使用权的补偿标准

案情摘要

甲市国土局与某公司签订《国有土地使用权出让合同》，将甲市旅游区范围内数百亩土地出让给某公司作为旅游用地，并约定合同项下宗地有国家青皮林保护区林带和海滩，某公司对青皮林应进行保护和管理。某公司取得土地使用权后，一直未按约定动工开发。2017 年 12 月，甲市政府作出行政决定，以案涉土地位于青皮林自然保护区内，涉嫌占用自然保护区为由，依照 2004 年修正的《土地管理法》第五十八条第一款第一项规定，决定有偿收回上述国有土地使用权，并给予某公司补偿。该补偿金额系由审计公司以审核确认的土地取得价款、前期投入资金为基数，以土地出让金缴交日期和前期投入资金日期至本次审核的截止日为计息期间，按照中国人民银行发布的决定作出时一年期贷款基准利率计算得出。某公司对收地决定和确定的补偿金额不服，申请行政复议。

法律问题

企业通过出让方式取得土地使用权进行房地产开发的，政府因公共利益需要提前收回土地使用权时，如何适用对土地使用权人进行“适当补偿”的标准？

不同观点

甲说：成本补偿说

对因公共利益收回土地使用权予以适当补偿的，按照土地使用权人已缴交的土地出让价款、前期合理投入以及相应利息总额进行补偿，即以成本加投入加利息的方式确定补偿数额。

乙说：市场价值补偿说

因公共利益提前收回土地使用权，类似于国有土地上房屋征收，补偿标准应当按照行政机关作出收回土地使用权决定时的市场评估价格予以补偿。

法官会议意见

采乙说

在确定对土地使用权人应当给予的适当补偿时，宜考虑收回土地原因及土地的具体用途、原土地使用权剩余开发年限、土地使用权人的过错情况与实际投入等多重因素，参考收回土地时案涉土地类似房地产的市场价格，并确保补偿金额不低于土地使用权人取得土地的成本的情况下，综合确定公平合理的补偿金额。

意见阐释

一、确定补偿数额需要参考市场价格

我国《民法典》第三百五十八条规定："建设用地使用权期间届满前，因公共利益需要提前收回该土地的，应当依照本法第二百四十三条的规定对该土地上的房屋及其他不动产给予补偿，并退还相应的出让金。"该条规定对提前收回国有土地使用权的，应当给予补偿。但给予何种补偿以及相关补偿标准，特别是对于是否需要参考市场价格予以补偿，一直存有争议。有观点认为，应当采用成本加投入加利息方式予以补偿；有观点认为，应当参考市场价格予以补偿。

（一）从性质上分析

国有土地使用权的提前收回具有国家征收的性质。通过对比国有土地使用权的提前收回与国家征收，发现二者从公共利益的发生原因、征收主体为国家（政府）、取得方式的强制性、损失救济带有补偿性等方面都具有相同的特征。实质上，基于公共利益对国有土地使用权的提前收回就是对国有土地使用权人财产利益的强制剥夺，其本质类似于征收。征收采取的是市场价格补偿方式，参考征收的补偿方式，政府因公共利益需要提前收回土地使用权时，不能仅仅采取成本加投入加利息的补偿方式，而应参考市场价格，给予土地使用权人公平合理的补偿。

（二）从法律沿革分析

第一，1998 年修订的《土地管理法》第五十八条第二款规定，为了公共利益需要收回国有土地使用权的，对土地使用权人应当给予适当补偿。2007 年修订的《城市房地产管理法》第二十条规定，国家对土地使用者依法取得的土地使用权，在出让合同

约定的使用年限届满前不收回；在特殊情况下，根据社会公共利益的需要，可以依照法律程序提前收回，并根据土地使用者使用土地的实际年限和开发土地的实际情况给予相应的补偿。《民法典》第三百二十七条规定，因不动产或者动产被征收、征用致使用益物权消灭或者影响用益物权行使的，用益物权人有权获得相应补偿。《国有征补条例》第十九条则进一步明确规定，为了公共利益需要征收，对被征收房屋价值的补偿，不得低于房屋征收决定公告之日被征收房屋类似房地产的市场价格。被征收房屋的价值，由具有相应资质的房地产价格评估机构按照房屋征收评估办法评估确定。我国立法对因公共利益需要征收土地、房产等不动产的补偿，经历了一个逐步发展完善的过程。由最初的没有规定，到给予“适当补偿”，再到“相应的补偿”、再到“给予拆迁补偿，维护被征收人的合法权益”，最后在国有土地上房屋的征收中，明确为“征收决定公告之日的市场评估价格”。国有土地上房屋征收，实质是收回房屋所坐落的土地，与按照《土地管理法》第五十八条收回国有土地使用权没有实质区别。故按照《土地管理法》第五十八条收回国有土地使用权，当然可参照国有土地上房屋征收的规定，参考作出收回土地使用权决定时的市场价值予以确定。

第二，自然资源部曾就有关问题作出相关规范性文件。2018年12月18日，自然资源部针对琼国土（2018）142号《海南省国土资源厅关于请求给予闲置土地有偿收回政策支持的请示》，作出自然资办函（2018）1903号《自然资源部办公厅关于政府原因闲置土地有偿收回相关政策的函》（以下简称1903号函）。该函规定：需要协议收回闲置土地使用权的，应当遵循协商一致和合理补偿的原则；有偿收回的补偿金额应不低于土地使用权人取得土地的成本，综合考虑其合理的直接损失，参考市场价格，由双方共同协商确定。根据1903号函的规定，政府根据《土地管理法》第五十八条规定，为了公共利益需要有偿收回国有土地使用权的，应当参照被收回土地的市场价确定补偿数额，而不是成本加投入再加利息的方式进行补偿。补偿价格不得低于被收回土地权利人取得土地的成本。

第三，《民法典》第三百二十一条规定，法定孳息，当事人有约定的，按照约定取得；没有约定或者约定不明确的，按照交易习惯取得。交易风险的利益，按照交易习惯，应当归于风险的承担者。根据行政法上的公平负担原则，政府为了公共利益需要有权有偿收回土地使用权，但是应当参考市场价格，综合考虑其他因素，给予权利人行政补偿。简单一概以成本加投入加利息方式有偿收回土地使用权，可能有违风险利益归于风险承担者的原则。

本案中，某公司以挂牌出让方式获得了该地块的土地使用权，取得了国有土地使用证，可按约定对该地块进行开发、利用、经营，相关权益受国家法律保护。依据2004年修正的《土地管理法》第五十八条规定，为公共利益需要使用土地的，由有关人民政府土地主管部门报经原批准用地的人民政府或有批准权的人民政府批准，可以收回国有土地使用权，对土地使用权人应当给予适当补偿。但2004年修正的《土地管理法》第五十八条第二款规定的对土地使用权人应当给予的适当补偿，不能理解为仅补偿土地出让金、前期投入及相应利息，而宜考虑收回土地原因及土地的具体用途、原土地使用权剩余开发年限、土地使用权人的过错情况与实际投入等多重因素，参考收回土地时案涉土地类似房地产的市场价格，并确保补偿金额不低于土地使用权人取得土地的成本的情况下，综合确定公平合理的补偿金额。如本案中，国土部门委托会计师事务所作出审核报告，系采用土地出让金加利息的方式确定补偿金额，未参考案涉土地类似房地产的市场价格，不符合2004年修正的《土地管理法》第五十八条第二款规定精神。

二、确定补偿金额需要综合考虑的其他因素

对土地使用权人应当给予的适当补偿金额，需要综合考虑的因素很多，例如，收回土地原因及土地的具体用途、原土地使用权剩余开发年限、土地使用权人的过错情况与实际投入、收回土地时案涉土地类似房地产的市场价格等。

（一）收回土地原因和过错情况

在行政机关因提前收回国有土地使用权对使用权人进行行政补偿的案件中，有必要划分双方的过错，明确造成最终收回国有土地使用权，其中的规划调整、其他公共利益等政府原因以及企业自身原因未及时开发造成土地闲置等因素。如果政府和土地使用权人均存在过错，则要按照混合过错责任承担方式，以损失形成中各自的过错大小，按相应的比例分担损失。如果存在因企业自身原因造成损害扩大的部分，则应当扣除因企业自身过错造成的损失，该部分不属于行政补偿的范围。实践中，因公共利益收回出让的国有土地使用权，相当一部分情况都可能掺杂着企业、政府等混合原因，在此又区别于国有土地上房屋征收。因此，企业通过出让方式取得土地使用权进行房地产开发，政府因公共利益需要提前收回土地使用权时，尤其需要考虑到双方的过错因素。

目前的法律规定中对于有偿收地的补偿标准，仅规定适当补偿或不低于土地使用权人取得土地的成本，综合考虑其合理的直接损失，参考市场价格。实践中较难操作，特别是对于具有政府和企业双重原因时的补偿，缺乏一个公平合理的补偿标准。如《海口市有偿收回闲置土地实施办法（征求意见稿）》对适用过错原则确定补偿标准作了较为详细的规定，其中，第十条对确定政府原因是造成土地闲置的单一原因、主要原因等情况分别规定了

不同的补偿标准，可作为参考。

（二）需要考虑的其他因素

1. 原土地使用权剩余开发年限

土地使用权的时间价值体现为使用权人还可以支配该用地的时间长短。根据《城镇国有土地使用权出让和转让暂行条例》第十二条规定，土地使用权出让最高年限按用途确定：居住用地七十年；工业用地五十年；教育、科技、文化、卫生、体育用地五十年；商业、旅游、娱乐用地四十年；综合或者其他用地五十年。第四十一条规定，土地使用权期满，土地使用者可以申请续期。需要续期的，应当依照本条例第二章的规定重新签订合同，支付土地使用权出让金，并办理登记。因此，政府提前收回土地时土地使用权人还可以使用土地的时间长短，影响着土地使用权的时间价值。

2. 土地的具体用途

出让土地在出让合同中会将规划条件列为出让合同附件，包括出让土地的用途。《城镇国有土地使用权出让和转让暂行条例》第十八条规定，土地使用者需要改变土地使用权出让合同规定的土地用途的，应当征得出让方同意并经土地管理部门和城市规划部门批准，依照有关规定重新签订土地使用权出让合同，调整土地使用权出让金，并办理登记。因此，土地的用途直接决定该地块可发挥的效用，影响着该地块使用权的价值。例如，在现阶段经济活动中，规划用于居住、商业的土地使用权的价值，与规划用于工业、仓储等的土地使用权价值相比，一般相对更高。

3. 参考收回土地时的市场价格

土地使用权的空间价值受土地本身所处的地理位置、土地面积及可开发建筑面积的大小所影响。在大城市中心、周边环境较好等土地资源稀缺的位置，其空间价值也因土地稀缺而变大，在城市郊区或者周边环境较差的位置则相反。在地理位置及其他条件相同情况下，土地面积及可开发的建筑面积大，土地使用权的价值自然就更大。参照《国有征补条例》第十九条规定，政府根据《土地管理法》第五十八条规定，以公共利益需要为由，提前收回国有土地使用权的，通常应当参考作出有偿收地时的市场价格，并参照《评估办法》，组织专业的不动产评估机构对案涉土地市场价格的客观合理评估。如果案涉土地无法评估，也可参考类似的房地产的市场价格。

法律法规链接

1.《中华人民共和国土地管理法》（2019年8月26日第三次修正）

第五十八条 有下列情形之一的，由有关人民政府自然资源主管部门报经原批准用地的人民政府或者有批准权的人民政府批准，可以收回国有土地使用权：

（一）为实施城市规划进行旧城区改建以及其他公共利益需要，确需使用土地的；

（二）土地出让等有偿使用合同约定的使用期限届满，土地使用者未申请续期或者申请续期未获批准的；

（三）因单位撤销、迁移等原因，停止使用原划拨的国有土地的；

（四）公路、铁路、机场、矿场等经核准报废的。

依照前款第（一）项的规定收回国有土地使用权的，对土地使用权人应当给予适当补偿。

2.《中华人民共和国城市房地产管理法》（2019年8月26日第三次修正）

第二十条 国家对土地使用者依法取得的土地使用权，在出让合同约定的使用年限届满前不收回；在特殊情况下，根据社会公共利益的需要，可以依照法律程序提前收回，并根据土地使用者使用土地的实际年限和开发土地的实际情况给予相应的补偿。

3.《自然资源部办公厅关于政府原因闲置土地协议有偿收回相关政策的函》（2018年12月18日）

……

需要协议收回闲置土地使用权的，应当遵循协商一致和合理补偿的原则。市、县自然资源主管部门应当按照《闲置土地处置办法》的规定，在调查认定的基础上，及时告知土地使用权人有偿收回相关事宜，与当事人就收回范围、补偿标准、收回方式等进行协商。有偿收回的补偿金额应不低于土地使用权人取得土地的成本，综合考虑其合理的直接损失，参考市场价格，由双方共同协商确定。经协商达成一致的，市、县自然资源主管部门拟定闲置土地处置方案，报本级人民政府批准后，正式签订有偿收回协议并执行。

4.《海南省人民政府关于进一步做好闲置土地处置工作的通知》（2015年4月22日）

……

三、规范闲置土地的处置方式，确保处置到位

……

（二）对因政府原因造成土地闲置的，要采取多种方式予以有效处置。

1.以有偿方式收回土地使用权。因政府原因造成土地闲置的，市县土地行政主管部门可以与土地使用权人协议有偿收回土地使用权。以协议方式收回闲置土地使用权的价格，可以按照土地使用权人已缴交的土地出让价款、前期合理投入以及自土地出让金缴交之日和前期合理投入资金之日至收回土地使用权期间按中国人民银行发布的同期一年期一般流动资金贷款基准利率计算利息总额予以确定；如按照上述规定确定的收回土地使用权价格

高于市场评估价格的，按照市场评估价格协议收回土地使用权。

类案检索报告

一、检索工具：法信——类案检索、中国裁判文书网。

二、关键词：有偿收回国有土地使用权；筛选条件：案件类型——行政；法院层级——最高人民法院。

三、检索结果：检索关键词“有偿收回国有土地使用权”，与本案相似度较高的案件共 3 件。

四、类案文书：

序号	案件名称	案由	案号
1	定安城东建筑装修工程公司诉海南省定安县人民政府行政登记案	行政登记	（2012）行提字第 26 号
2	苏州阳澄湖华庆房地产有限公司诉苏州市国土资源局土地行政补偿案	行政补偿	（2017）最高法行申 1342 号
3	海南惠普森医药生物技术有限公司诉文昌市人民政府行政赔偿案	行政赔偿	（2015）行提字第 25 号

（撰写人：耿宝建、张巧云）

14. 工作纠纷导致的暴力伤害能否认定工伤

案情摘要

刘甲在某公司承建的某处施工现场工作，与某公司存在事实劳动关系。某日，刘甲与刘乙商议使用工地塔吊机吊运建筑材料过程中发生争执并相互斗殴，刘乙用匕首将刘甲眼部刺伤，经医院诊断为左眼球破裂伤。刘甲向某市人社局申请工伤认定，市人社局作出认定工伤决定书，认定“刘甲受到的事故伤害符合《工伤保险条例》第十四条第三项之规定，属于工伤认定范围，现予以认定工伤”。某公司不服该决定书，向某省人社厅申请行政复议。省人社厅作出行政复议决定书，认为刘甲受伤系与他人口角之争后产生的恩怨所致，其受伤不属于因履行工作职责受到的暴力伤害，决定撤销市人社局作出的决定书。刘甲不服省人社厅作出的行政复议决定书，向某市中级人民法院提起诉讼，请求撤销省人社厅作出的行政复议决定书，维持市人社局作出的认定工伤决定书。

刘乙故意伤害案经法院审理，作出刑事判决书，以刘乙犯故意伤害罪判处其有期徒刑三年。该刑事判决书载明“刘甲对纠纷的发生并无明显过错，二人先因口角发生纠纷，后刘乙返回寝室拿出折叠刀对刘甲进行报复性伤害，刘甲对伤害后果的发生并无过错”。

法律问题

工作中发生纠纷导致的暴力伤害能否认定工伤？

不同观点

甲说：不应当认定为工伤

职工受伤是在工作时间、工作地点发生，虽与履行工作职责有一定联系，但这种联系并不是直接的。职工受伤的直接原因是与他人相互斗殴，其所遭受的暴力伤害与其履行工作职责之间没有必然的联系。职工在工作过程中相互斗殴受伤，不属于工作原因，认定工伤不符合《工伤保险条例》的立法本意。

乙说：应当认定为工伤

职工在工作时间、工作地点、因工作原因受到人身伤害，符合《工伤保险条例》第十四条第三项规定。职工受伤的直接原因虽为同事暴力伤害所致，但暴力伤害的起因是在履行工作职责中双方发生争执，符合认定工伤的法定条件。因工作事项发生争执未能冷静处理，不足以阻却对其履行工作职责的认定。

法官会议意见

采乙说

《工伤保险条例》第十四条第三项的立法意旨在于对

劳动者在工作期间受到暴力等意外伤害进行救济，适用本项对工伤进行认定时应作有利于劳动者的解释，不应要求“纯洁的受害人”，若只有在暴力事件中完全无过错的受害人才能够认定为“履行工作职责”，则与《工伤保险条例》第十四条第三项的立法意旨有违，只有受害人故意或者重大过失导致暴力等意外伤害事件的发生方能够阻却对履行工作职责的认定。

本案中，刘甲与刘乙因工作原因发生纠纷，刘乙心生怨气产生犯意，两次争执打斗时间上前后连贯性较为明显，且刘甲与刘乙在发生本案纠纷前并不相识，其受到伤害系因工作原因发生争执所致。根据生效刑事判决，刘甲对于暴力侵害行为的后果并无过错，二人因工作纠纷发生口角后未能冷静处理确有不当，但刘甲的行为并不应导致其受到暴力伤害。即使刘甲在工作中存在行为不当的情形，也不应阻却对其履行工作职责的认定。

意见阐释

一、工伤认定中与工作原因相关的因素

《工伤保险条例》第十四条规定：“职工有下列情形之一的，应当认定为工伤：（一）在工作时间和工作场所内，因工作原因受到事故伤害的；（二）工作时间前后在工作场所内，从事与工作有关的预备性或者收尾性工作受到事故伤害的；（三）在工作时间和工作场所内，因履行工作职责受到暴力等意外伤害的；（四）患职业病的；（五）因公外出期间，由于工作原因受到伤害或者发生事故下落不明的；（六）在上下班途中，受到非本人主要责任的交通事故或者城市轨道交通、客运轮渡、火车事故伤害

的；（七）法律、行政法规规定应当认定为工伤的其他情形。”从上述行政法规的规定来看，认定工伤需要符合广义的“工作原因、工作时间和工作场所”三要素[①]。

在工伤认定中，工作原因不仅是认定工伤的充分条件，而且还是认定工作场所、工作时间的核心标准。工作场所、工作时间是用以判断工作原因的辅助或推定因素，可以适用于绝大多数情况。一般来说，一旦具备工作原因，其所涉及的时间和区域就是工作时间和工作场所。但有两种例外情形：一是上下班途中的工伤认定；二是视为工伤的认定。[②]因《工伤保险条例》对“工作原因”的规定相对原则，为了解决实践中的法律适用问题，北京、天津、江苏、四川等地法院制定了一些规定。考量司法实践中各地法院的判决，最大的特点和趋势是，将工作原因从原先履行本岗工作、本职工作或单位临时指派的工作扩大到与工作有关的情形，甚至将为单位利益也视为工作原因。在工伤认定中，工作原因与伤害后果之间存在因果关系是必要条件，但实践中的因果关系往往形态各异，可能是“多因一果”，也可能是“一因多果”，甚至是“多因多果”。此外，还存在直接因果关系与间接因果关系之分，涉及因果关系的远近标准不一等情形。

在工作时间和工作场所内因纠纷受到他人暴力等意外伤害是否认定为工伤，实践中存在以下三种观点：第一种观点认为，可以认定为工伤。伤害虽然由他人所致，但因发生在工作时间和工作场所内，用人单位负有保障劳动者人身安全的义务。如果发生了伤害，不管是谁造成的，都应当认定工伤。第二种观点认为，不能认定为工伤。因纠纷导致的伤害有具体的侵害人，应当向侵

---

① 所谓广义的“三工”是指，《工伤保险条例》第十四条规定的所有情形，包括但不限于该条第一项规定的“工作时间、工作场所、工作原因”。

② 参见杨科雄：《最新工伤认定规则及其适用》，法律出版社 2013 年版，第 74 页、第 76 页。

害人主张赔偿责任。第三种观点认为，应当具体分析。若纠纷因工作引起，可以认定为工伤；若并非因工作引起，则属于普通的人身伤害，应当通过其他法定途径寻求救济。笔者认为，以纠纷是否因工作原因所引起作为工伤认定的标准较为恰当，即凡是因工作引起的纠纷致使职工受到暴力等意外伤害的，应认定为工伤，且应当考虑职工个人或者他人原因对工作原因与职工所受伤害之间因果关系远近的影响。①

二、工伤认定中关于履行工作职责的认定

根据《工伤保险条例》第十四条第三项关于“职工有下列情形之一的，应当认定为工伤：……（三）在工作时间和工作场所内，因履行工作职责受到暴力等意外伤害的”的规定，认定受到暴力等意外伤害情形为工伤应当同时符合工作时间、工作场所和履行工作职责三个要件。在这三个要件中，工作时间和工作场所比较好认定，但是否履行工作职责往往争议较大。广义的工作原因必然包含履行工作职责，故认定是否履行工作职责与认定是否工作原因有交叉关系，在性质上并无本质不同。

因工作纠纷发生打架斗殴甚至暴力伤害，是否属于工作原因，实践中有不同观点。有的观点认为，因工作原因发生争执继而连续性发生暴力伤害的，可以认定为工伤；有的观点认为，因工作职责未能采取合理手段完成工作任务导致矛盾升级，不能认定为工伤；有的观点认为，即使事态平息，一方因不满另一方在工作上的管理而报复伤害的行为，亦属于工作原因；还有的观点则认为，是否工作原因还需要考量暴力伤害行为的发生是否具有连续性；也有观点认为，只要是因工作原因引起的纠纷，在没有证据证明有个人恩怨或者个人原因的情况下，应当认定为工伤；

---

① 参见杨科雄：《最新工伤认定规则及其适用》，法律出版社2013年版，第90页。

等等。

以本案为例，是否应当适用《工伤保险条例》第十四条第三项的关键，不在于职工所受暴力等意外伤害的具体表现形式，而在于暴力伤害与履行工作职责之间的关联性是否足以达到认定工伤的程度。根据生效刑事判决书及附案询问笔录等在案证据，刘甲与刘乙在涉案纠纷发生前并不认识，二人并无个人恩怨。涉案伤害事件发生的起因是，刘甲在工作中需使用塔吊机吊运钢材，在催促过程中与塔吊指挥人员刘乙发生争执，在双方第一次争执打斗未造成严重伤害的情况下，刘乙为报复刘甲返回宿舍取刀后将其刺伤。从伤害事件发生的初始因素来看，刘甲是在履行其工作职责，虽然二人处理工作纠纷的方式方法欠妥，但从客观行为上看刘甲始终具有履行工作职责的主观意愿。

三、工伤认定中关于因果关系的认定

在工作原因与个人原因共同造成暴力伤害后果的因果关系认定中，因两种原因混合交织在一起，往往将之分为直接原因和间接原因，或者分为近因和远因。实践中，对此问题的认识不尽一致。

以本案为例，某市人社局认为，刘甲受伤符合《工伤保险条例》第十四条第三项规定的情形，应当认定为工伤。而省人社厅则认为，根据《劳动和社会保障部办公厅关于对〈工伤保险条例〉有关条款释义的函》，因履行工作职责受到暴力伤害是指，受到的暴力伤害与履行工作职责有因果关系。且《工伤保险条例》第十四条第三项之规定中的“履行工作职责”不应当允许或鼓励采取争吵和打架的方式解决工作纠纷，故不应认定为工伤。

根据前述分析，省人社厅以打架斗殴为由认为不属于工伤缺乏说服力。因为职工之间的打架斗殴毕竟是因工作引起的，打架斗殴与工作原因存在关联。但是，仅确认关联性还不够，还要看事物本质，即伤害后果与工作之间的关系远近。本案中，二人之间的争执打斗系因工作原因引起，刘乙心生怨气产生犯意致刘甲受伤，且前后两次争执打斗时间连续、地点均在工作场所之内，具有较为明显的连贯性。换言之，刘甲的伤害后果是工作原因与刘乙的故意伤害行为共同导致，其中刘乙的故意伤害行为虽是直接原因，但刘甲受伤与工作原因之间亦具有因果关系，不能将刘乙刺伤刘甲归因于私人恩怨而否认刘甲因履行工作职责受到暴力伤害。

四、工作纠纷发生后处理不当是否属于阻却认定工伤的理由

职工之间因履行工作职责发生争议时未能正确处理纠纷，甚至存在行为不当情形时能否认定为工伤，需要根据《工伤保险条例》的相关规定进行具体分析。有观点认为，因履行职责发生争议时，劳动者应以恢复正常履行工作职责状态为目的，并以适度的方法和手段达到该目的，行为不应超过合理、必要的限度。这种观点虽然有一定道理，但据此认为“劳动者严重不当的行为会阻却履行工作职责与受到暴力伤害之间的因果关系，导致其不被认定为因履行工作职责”，则对受到暴力伤害的劳动者过于严苛。

首先，虽然《工伤保险条例》第十四条第三项并未就职工对受到暴力等意外伤害负有一定责任时如何认定工伤的问题作出明确规定，但可以参考《工伤保险条例》第十四条第六项关于“在上下班途中，受到非本人主要责任的交通事故或者城市轨道交通、客运轮渡、火车事故伤害的”应当认定为工伤的规定、第十六条关于故意犯罪的、醉酒或者吸毒的、自残或者自杀的，不得认定为工伤或者视同工伤的规定以及《工伤保险条例》的立法目的和原则进行认定。如果能够证明伤害后果系因职工故意或严重过失造成的，或者职工对伤害后果的发生负有主要责任的，即

不属于意外伤害的范畴，不应认定为工伤。本案中，已发生法律效力的刑事判决书认定“刘甲对纠纷的发生并无明显过错”。根据《最高人民法院关于行政诉讼证据若干问题的规定》第七十条的规定，生效的人民法院裁判文书或者仲裁机构裁决文书确认的事实，可以作为定案依据。上述事实表明，刘甲对于暴力侵害行为的后果并无明显过错。

其次，刘甲与刘乙因工作发生争执后，双方均未能冷静处理确有一定过错，但刘甲的过错并不应导致其受到暴力伤害，不足以阻却对其履行工作职责的认定。

最后，从保障劳动者合法权益的角度出发，应当对《工伤保险条例》第十四条作适度从宽解释。《工伤保险条例》的立法目的旨在保障因工作遭受事故伤害或者患职业病的职工获得医疗救治和经济补偿，该条例第十四条第三项的立法意旨是为了保障劳动者在工作期间受到暴力等意外伤害后获得救济。从制度价值的角度适用本项对是否属于工伤进行认定时，不能要求“纯洁的受害人”，即只有在暴力伤害中完全无过错的受害人才能够认定为“履行工作职责”，这与《工伤保险条例》第十四条第三项的立法意旨有违。

综上，本案情形不能成为阻却认定工伤的理由。

五、职工在工作时间和工作场所内受到伤害，应由用人单位或者社会保险行政部门承担“非工作原因导致”的举证责任

《最高人民法院关于审理工伤保险行政案件若干问题的规定》第四条第一项规定，“社会保险行政部门认定下列情形为工伤的，人民法院应予支持：（一）职工在工作时间和工作场所内受到伤害，用人单位或者社会保险行政部门没有证据证明是非工作原因导致的”。根据该项规定，职工在工作时间和工作场所内受伤，证明非工作原因导致伤害的举证责任在用人单位或社保部门。

本案中，某公司虽然否认与刘甲之间存在劳动关系，但发生法律效力的劳动仲裁裁决书已经确认双方之间存在事实劳动关系，故该公司属于用人单位。根据上述举证责任分配原则，该公司和省人社厅均没有提出新的证据证明，刘甲与刘乙系因涉案工作纠纷之外的其他个人恩怨导致伤害后果的发生。故从举证责任的角度，缺乏足以否定刘甲工伤认定的证据。

法律法规链接

1.《中华人民共和国行政诉讼法》（2017年6月27日第二次修正）

第七十条 行政行为有下列情形之一的，人民法院判决撤销或者部分撤销，并可以判决被告重新作出行政行为：

（一）主要证据不足的；

（二）适用法律法规错误的；

（三）违法法定程序的；

（四）超越职权的；

（五）滥用职权的；

（六）明显不当的。

2.《工伤保险条例》（2010年12月8日修订）

第十四条 职工有下列情形之一的，应当认定为工伤：

……

（三）在工作时间和工作场所内，因履行工作职责受到暴力等意外伤害的；

……

3.《最高人民法院关于审理工伤保险行政案件若干问题的规定》（2014年4月21日）

第四条 社会保险行政部门认定下列情形为工伤的，人民法院应予支持：

（一）职工在工作时间和工作场所内受到伤害，用人单位或者社会保险行政部门没有证据证明是非工作原因导致的；

……

类案检索报告

一、检索工具：北大法宝——司法案例。

二、筛选条件：《最高人民法院关于适用〈中华人民共和国行政诉讼法〉的解释》第十三条的适用。

三、检索结果：共检索出8件行政案件。

四、类案文书：

序号	案件名称	案由	案号
1	范某峰诉徐州市人力资源和社会保障局工伤行政确认及徐州市人民政府行政复议案	工伤行政确认及行政复议	（2018）苏行申794号
2	桑某某诉如东县人力资源和社会保障局工伤行政确认案	工伤行政确认	（2017）苏行申1825号
3	阮某胜诉襄阳市人力资源和社会保障局工伤认定案	工伤认定	（2019）鄂行申87号
4	王某诉与台州市椒江区人力资源和社会保障局劳动和社会保障行政确认案	工伤行政确认	（2017）浙行再40号
5	夏某贞诉天台县人力资源和社会保障局劳动和社会保障行政确认案	工伤行政确认	（2018）浙行再112号
6	任某诉辽源市人力资源和社会保障局工伤确认案	工伤行政确认	（2019）吉行再31号

（续表）

序号	案件名称	案由	案号
7	王某诉郑州市人力资源和社会保障局工伤认定案	工伤认定	（2019）豫行再127号
8	赵某溯诉汕头市澄海区人力资源和社会保障局工伤认定案	工伤认定	（2016）粤行再3号

（撰写人：于泓）

15. 工伤待遇与侵权赔偿竞合的选择

案情摘要

牛某某骑自行车下班回家发生交通事故。牛某某受伤，后经抢救无效于当日死亡。交警部门认定案外人承担事故的全部责任。事故双方达成赔偿协议，由案外人一次性赔偿牛某某近亲属数十万元，该赔偿款已支付。之后，市人社局作出工伤认定书，认定牛某某因公死亡。牛某某所在公司已为其办理工伤保险，故牛某某近亲属向市医保局申请给付工伤保险待遇。市医保局审查后认为，经核算，牛某某工伤保险待遇低于牛某某近亲属已从案外人处获得的民事赔偿，没有差额可补，因此决定不支付工伤保险待遇。牛某某近亲属不服，提起行政诉讼，请求法院判令市医保局向其支付工伤保险待遇。

法律问题

对于工亡亲属在获得高于工伤保险待遇的民事侵权赔偿后，是否还可以获得工伤保险补偿，以及具体可以获得的工伤保险补偿项目。

不同观点

甲说：双赔说

因第三人的原因导致工伤的职工，可同时获得民事赔偿和工伤保险待遇补偿，在费用的具体计算上只扣除医疗费用。主要理由：侵权与工伤保险分属私法和公法不同领域，除法律有明确规定，来自公法和私法的保护均应在司法中实现。除法律有明文规定不可兼得的，司法不应主动设置障碍。实践中，在侵权案件中能够得到足额赔偿的很少，社会保险的保障救济功能显得尤为重要，从保护被侵权人和受工伤劳动者两个方面考虑，应尽最大程度保护。

乙说：单赔说

工伤待遇与侵权赔偿竞合时，只能获得其中一种待遇。主要理由为：第一，工伤保险待遇是一种公力救济，如果在获得侵权赔偿后仍然全部补偿，可能会偏离社会救助的立法初衷。另外，我国工伤保险基金的数额仍较为有限，应当用于最需要予以救助的对象。第二，受侵权的劳动者所受到的伤害相同，其获得的补偿应当相同，不应因侵权主体的不同而所获得的待遇完全不同，而应仅是支付主体的不同。

法官会议意见

采甲说

因第三人侵权死亡且属于工伤情形的，死者亲属在获得民事赔偿后，仍可以根据《工伤保险条例》《最高人民法院关于审理工伤保险行政案件若干问题的规定》(以下简称《工伤保险司法解释》）等规定主张工伤保险待遇。民事赔偿已经支付医疗费用的，不得主张工伤医疗费用。主要理由：第一，行政司法解释与民事司法解释都未直接、明确规定可以获得双赔，但受侵害人可以根据行政司法解释主张工伤保险待遇，根据民事司法解释主张民事赔偿，即可以分别依据不同规定获得双重待遇。第二，人身损害与保险标的之间的保险权利有明显差别，人身损害可以获得双重赔偿，而保险标的物的损害则不能获得双重赔偿。这表明国家对人身损害保护的重视和加强。因此，工伤保险也应遵循同样的法律精神，可以获得双重待遇。第三，规定双赔制度，更有利于救济工伤人员的合法权益。工伤人员同样的情形，不能因有无第三方责任主体的不同，而导致能否获得工伤保险待遇的结果不同。否则，可能存在因选择性确定第三方责任主体而带来的道德风险，产生不良的社会效应。

意见阐释

一、第三人侵权造成工伤的相关规定

无论受侵权的对象是否为单位的职工、职工是否符合工伤

条件以及是否已经或应当获得工伤待遇，侵权行为人都应当对自身的损害行为负责，其他主体对受侵害对象的弥补并不能代替侵权人承担责任，侵权人不具有免除责任的正当理由。因此，侵权主体应当依法承担侵权责任，被侵权职工可以依法主张侵权赔偿是毋庸置疑的，争议的核心在于能否再次主张工伤待遇。因此，关于第三人侵权造成工伤的相关规定的梳理与分析，应将重点置于工伤待遇的相关规定，具体可分为全国性规定与地方性规定。

（一）全国性规定

尽管国务院制定的《工伤保险条例》属于工伤领域的专门法律规定，但对前述问题并未作出明确规定。实践中，适用较多的直接依据为最高人民法院从行政诉讼与民事诉讼领域分别作出的两部司法解释。《工伤保险司法解释》第八条规定："职工因第三人的原因受到伤害，社会保险行政部门以职工或者其近亲属已经对第三人提起民事诉讼或者获得民事赔偿为由，作出不予受理工伤认定申请或者不予认定工伤决定的，人民法院不予支持。职工因第三人的原因受到伤害，社会保险行政部门已经作出工伤认定，职工或者其近亲属未对第三人提起民事诉讼或者尚未获得民事赔偿，起诉要求社会保险经办机构支付工伤保险待遇的，人民法院应予支持。职工因第三人的原因导致工伤，社会保险经办机构以职工或者其近亲属已经对第三人提起民事诉讼为由，拒绝支付工伤保险待遇的，人民法院不予支持，但第三人已经支付的医疗费用除外。"此条系针对社会保险经办部门的法定职责作出规定，即无论民事方面是否获得赔偿，都不能排除社会保险经办部门认定工伤及支付工伤保险待遇的法定职责，工伤人员可以根据此条规定，主张获得工伤保险待遇。需要注意的是，对于获得工伤保险待遇之后，是否能再主张民事赔偿，并未作出进一步规定，即并未明确规定是否能获得双重待遇[①]。但关于此问题，早在《最高人民法院关于审理人身损害赔偿案件适用法律若干问题的解释》(以下简称《人身损害赔偿解释》)即已作出规定，其第十二条规定："依法应当参加工伤保险统筹的用人单位的劳动者，因工伤事故遭受人身损害，劳动者或者其近亲属向人民法院起诉请求用人单位承担民事赔偿责任的，告知其按《工伤保险条例》的规定处理。因用人单位以外的第三人侵权造成劳动者人身损害，赔偿权利人[②]请求第三人承担民事赔偿责任的，人民法院应予支持。"此条系针对民事赔偿主体作出规定，其将侵权主体分为两类；侵权主体为用人单位的，不承担民事赔偿责任，仅能主张获得工伤保险待遇；侵权主体为第三人的，则第三人必须承担民事赔偿责任，能否主张获得工伤保险待遇，未作出进一步规定。该条明确表明，权利人可以主张民事侵权赔偿，而无论其是否获得工伤保险待遇。因此，行政司法解释与民事司法解释都未直接、明确规定可以获得双赔，但受侵害人可以根据行政司法解释主张工伤保险待遇，根据民事司法解释主张民事赔偿，即可以分别依据不同规定获得双重待遇。

除司法解释外，国家层面的立法还有《社会保险法》，其第四十二条规定："由于第三人的原因造成工伤，第三人不支付工伤医疗费用或者无法确定第三人的，由工伤保险基金先行支付。工伤保险基金先行支付后，有权向第三人追偿。"对此规定，有两种不同的理解：一种观点认为，不能主张双赔，采取的是追偿制度，最终的责任承担主体为侵权人，因而司法解释的规定与该

① 此处的双重待遇系指第三人支付的侵权赔偿以及社会保险经办机构支付的工伤保险待遇。

② 《人身损害赔偿解释》第一条第二款规定，本条所称"赔偿权利人"，是指因侵权行为或者其他致害原因直接遭受人身损害的受害人、依法由受害人承担扶养义务的被扶养人以及死亡受害人的近亲属。

条规定相冲突。另一观点认为，除医疗费用外的其余待遇可以双赔。事实上，前述两种观点都不完全准确。该条规定并未对双赔问题作出明确的规定，而仅表明不能获得双重医疗费用补偿。但行政司法解释①针对《社会保险法》的此条规定作出进一步规定，即劳动者可以主张获得双重待遇，并用但书的方式表明仅能获得一份医疗费用，且医疗费用最终由侵权人承担，受侵害人不因主张获取待遇种类的先后顺序不同，而导致最终可以获得的待遇不同或是否双赔的结论不同，其影响的结果仅仅为工伤保险基金是否需要先行垫付医疗费用。综上分析，在全国性规定层面，其立法精神为：因第三人侵权受工伤者可以主张双重待遇，但医疗费用仅能获得一份赔偿。

（二）地方性规定

《工伤保险条例》公布实施之后，全国各地也相继制定了相应的规定，如实施办法、意见或细则等。有的地方制定了地方性法规，如《广东省工伤保险条例》《贵州省工伤保险条例》《河南省工伤保险条例》《海南经济特区工伤保险若干规定》等，有的地方制定了地方政府规章。关于受第三人侵权的工伤职工，尤其是已获得侵权赔偿的，能否获得工伤保险待遇问题，现行地方性法规和地方政府规章的相关规定主要分为以下类型：一是对此问题未作出相关规定。二是规定可以获得双赔，但应扣除部分待遇，具体又可分为两小类：其一，与《社会保险法》或司法解释的相关规定相同。如《福建省实施〈工伤保险条例〉办法》第二十九条规定："由于第三人的原因造成工伤，第三人不支付工伤医疗费用或者无法确定第三人的，由工伤保险基金先行支付。工伤保险基金先行支付后，依法向第三人追偿。"除福建地区外，

---

① 《工伤保险司法解释》明确规定，为正确审理工伤保险行政案件，根据《社会保险法》《劳动法》《行政诉讼法》《工伤保险条例》及其他有关法律、行政法规规定，结合行政审判实际，制定本规定。

有类似规定的地区还有湖北、黑龙江等[①]。其二，扣除医疗费等部分待遇。除了明确扣除的几类费用外，其余工伤待遇的支付问题可以参照前述司法解释的精神予以办理。如《浙江省工伤保险条例实施细则》第七条规定："因第三人侵权认定为工伤的待遇处理办法。在遭遇交通事故或其他事故伤害的情形下，职工因劳动关系以外的第三人侵权造成人身损害，同时构成工伤的，依法享受工伤保险待遇。如职工获得侵权赔偿，其享受待遇的相对应项目中应当扣除第三人支付的下列五项费用：医疗费，残疾辅助器具费，工伤职工在停工留薪期间发生的护理费、交通费、住院伙食补助费。"三是规定不能主张同时获得双重赔偿，具体也可分为两小类：其一，工伤保险基金先行支付，支付后依法向第三人追偿。如《上海市工伤保险实施办法》第四十五条规定："由于第三人的原因造成工伤的，由第三人支付工伤医疗费用。第三人不支付工伤医疗费用或者无法确定第三人的，由工伤保险基金先行支付。工伤保险基金先行支付后，社保经办机构有权按照规定向第三人追偿。由用人单位或者工伤保险基金先行支付的停工

---

① 如《湖北省工伤保险实施办法》第三十九条规定："由于第三人的原因造成工伤，第三人不支付工伤医疗费用或者无法确定第三人的，从工伤保险基金中先行支付。工伤保险基金先行支付后，有权向第三人追偿或职工获得第三人侵权赔偿后偿还给工伤保险基金。职工因第三人的原因导致工伤，工伤职工或者其近亲属可以按照有关规定索取民事赔偿。经办机构不得以工伤职工或者其近亲属已经对第三人提起民事诉讼为由，拒绝支付工伤保险待遇，但第三人已经支付的医疗费用除外。"《黑龙江省贯彻〈工伤保险条例〉实施办法》第二十条规定："由于第三人的原因造成工伤，第三人不支付工伤医疗费用或者无法确定第三人的，个人或者其近亲属可以持工伤认定决定书和有关材料向社会保险经办机构书面申请工伤保险基金先行支付。工伤保险基金先行支付后，工伤保险经办机构按照《社会保险基金先行支付暂行办法》(人力资源和社会保障部令第 15 号)进行追偿。由于第三人原因造成工伤的，社会保险经办机构不得以工伤职工或者其近亲属已经对第三人提起民事诉讼为由，拒绝支付工伤保险待遇，但第三人已经支付的医疗费用除外。"

留薪期工资福利待遇、一次性伤残补助金、一次性工亡补助金等其他工伤保险待遇的费用，工伤人员或者其近亲属在获得第三人赔偿后，应当予以相应偿还。”其二，需先获得第三人侵权赔偿，工伤保险基金和用人单位补足差额。如《吉林省实施〈工伤保险条例〉办法》第四十九条规定：“参加工伤保险的职工，因第三人原因造成工伤的，在依法获得第三人经济赔偿后，由工伤保险基金补足医疗费（含康复费）、住院伙食补助费、交通费、一次性伤残补助金（残疾赔偿金）、辅助器具配置费（残疾生活辅助具费）、一次性工亡补助金（死亡赔偿金）、丧葬费、供养亲属抚恤金（被抚养人生活费）的差额。由用人单位补足住院护理费、停工留薪期待遇（误工费）的差额。”可见，前述不同类型的地方性规定，对工伤劳动者的权益保障程度不同：一是对主张赔偿类型是否有先后顺序。无顺序要求的保障程度高于有顺序要求的。二是赔偿所包含事项是否相同。赔偿事项多的保障程度高于赔偿事项少的。

综上，关于第三人造成工伤能否主张双赔问题的法律依据，既有全国性的法律和司法解释，又有地方性的法规和规章，且相互之间并非完全一致。对于未作出明确规定的地方性规定，不存在适用地方立法问题，参照国家层面立法的规定执行即可；对于作出与《社会保险法》或司法解释的相关规定相同或类似的地方性规定，因地方层面立法与国家层面立法相同，不存在法律适用难题；对于不能主张同时获得双重赔偿的地方性规定，因地方层面立法与国家层面立法不同，行政执法或司法裁判在适用法律时面临选择难题，甚至出现同一情况、不同对待但又都有相关法律依据的现象。在法律适用出现冲突时，一般依据《立法法》的相关规定和法律原则即可予以解决，地方层面立法与国家层面立法相冲突的，适用上位法优于下位法的原则。因此，原则上主张不能双赔的地方性规定与效力位阶更高的《社会保险法》相冲突，直接适用国家层面立法的规定即可。然而问题或争议并非就此简单解决，尽管前述分析国家层面立法的结论为可以主张双赔，但由于《社会保险法》对此并未明确规定，而更多建立在司法解释基础之上，简单以地方性规定违反国家法律规定作为问题的解决之道难以让人信服。因此，在法律适用层面，最终落脚点应置于地方性规定与司法解释不相符时的处理。

二、地方性法规、地方规章与司法解释冲突时的法律适用

关于司法解释的法律效力，包括《立法法》在内的现行法律规定都未作出明确规定，但司法解释是人民法院系统的最高机关作出的规范性文件，一般情形下都将被人民法院选择适用为裁判案件的直接、有效甚至首选的法律依据。由于司法裁判具有终局性特征，在生效裁判被法定方式予以否定之前，司法解释作为裁判法律依据在一定程度上表明其实际效力高于其他规范性文件，尤其是存在法律适用冲突之时。然而，这更多地源自司法机关的特定职能和法定地位所带来的天然优势，往往难以说服其他主体如立法性文件的制定机关等。而且，若确定司法解释属于相应位阶的规范性文件，其效力范围绝不应仅适用于司法案件的裁判，而应在指导各类行为如行政执法、公民守法等中发挥法律效力。因此，要正确解决司法解释的效力问题，仍需要进一步寻求其法理依据。

（一）司法解释的权力来源

关于司法解释权力来源的主要法律依据有：1981 年制定的《全国人民代表大会常务委员会关于加强法律解释工作的决议》第二条规定："凡属于法院审判工作中具体应用法律、法令的问题，由最高人民法院进行解释。"2006 年修订的《人民法院组织法》第三十二条规定："最高人民法院对于在审判过程中如何具体应用法律、法令的问题，进行解释。"2007 年施行的《各级人

民代表大会常务委员会监督法》第三十一条规定：“最高人民法院作出的属于审判工作中具体应用法律的解释，应当自公布之日起三十日内报全国人民代表大会常务委员会备案。”以上法律依据的制定主体均为全国人大常委会，都对最高人民法院授予制定司法解释的权力，但制定的司法解释是否具有法律效力及其效力位阶问题、能否直接作为法律依据等，前述规范性文件仍未明确规定，司法解释的效力来源仍存疑。2007 年《最高人民法院关于司法解释工作的规定》对司法解释的相关事项作出了具体规定，如规定司法解释具有法律效力、司法解释的制定程序等，但由于该规定本身属于司法解释，以司法解释的自我认可或自我授权作为其效力的法定依据，对外说服力显然不足。但该规定的作用不容忽视，其对属于司法解释内部权限范围的事项，可以作为判断的有效依据，如司法解释的范围界定等。最高人民法院制定的规范性文件并非均属于司法解释，只有符合该规定的制定主体、制定程序、权限范围、使用名称等要求，才能被认定为有效的司法解释。正确界定规范性文件是否属于司法解释，是探讨相关问题的基本前提。根据前述分析，在司法解释的效力来源问题上，直接引用现行法律规定似难以达成共识，应当进一步借助于相关法律精神和法学理论。具体可以分两个层面进行探讨：一是在应然层面，全国人大常委会作为权力机关，其可以授权相关法定主体制定规范性文件，如国务院制定行政法规、最高人民法院制定司法解释等，这些规范性文件在调整社会关系方面必然发挥着特定的规范作用，反之权力机关的授权则毫无意义。因此，与权力机关授权制定的其他规范性文件如行政法规等类似，司法解释也具有相应位阶的法律效力。二是在实然层面。以司法解释为例，其在制定过程中需要广泛征求意见，需征求的主体为全国人大常委会法工委，且所反馈的意见一般都予以吸纳，司法解释发布之后亦必须依法报全国人大常委会备案。因此，全国人大常委会通过对司法解释制定的事先与事后参与或监督，对最终对外发布的司法解释表示认同，彼此明显相互冲突的情形极为少见。综上可知，司法解释具有法定的权力来源，其可以作为法律适用的有效依据。

（二）司法解释的效力位阶

关于司法解释的效力位阶，实践中主要有两种观点：一是固定性的位阶。主要理由为：同一类型的规范性文件只能处于同一位阶法律效力，但关于其具体效力位阶，亦存在不同观点，如与法律的位阶相同，与行政法规的位阶相同或介于二者之间等。二是与被解释对象的效力位阶一致。主要理由为：解释是对被解释对象含义的一种说明，司法解释是最高人民法院对被解释对象在审判工作中具体应用时含义的说明，其本质就是被解释对象的含义，其效力与被解释对象相同。以上两种观点都有其合理之处，但相比而言，后者更符合解释学原理。根据前述法律规定，司法解释的对象为法律法令。所谓法令是指政权机关所颁布的命令、指示、决定等的总称，其广义范围包含法律和行政法规，如《国有征补条例》《渔业法》等。因此，根据解释对象的不同，司法解释可能具有法律的效力位阶，也可能具有行政法规的效力。但实践中，司法解释通常是针对某一类法律问题作出解释，如《工伤保险司法解释》，系“为正确审理工伤保险行政案件，根据《中华人民共和国社会保险法》《中华人民共和国劳动法》《中华人民共和国行政诉讼法》《工伤保险条例》及其他有关法律、行政法规规定，结合行政审判实际，制定本规定”，其解释的对象既有法律的部分条款，也有行政法规的部分条款。司法解释较少针对单独的法律或行政法规作出全面解释[①]，若法律在具体实施过程中需要进一步作出全面解释，通常授权最高行政机关即国务院作出行政法规，如《土地管理法实施条例》等；若行政法规需要进一步作出全面解释，通常授权相关国务院组成部门或地方政府制定规章，如某某工伤保险条例实施细则等。在此情形下，司法解释的效力则遵循就高原则，即具有法律的效力位阶。其理由为：确定不同规范性文件的法律效力位阶，其目的在于应对规范性文件相互冲突时按照效力位阶的高低选择适用法律依据，在规范性文件相互一致时则无实际意义。在应然意义上，在有权机关未按照法定程序审查及认定之前，可以推定法律、行政法规、司法解释的有关规定相互之间并不冲突，不同的主体可以根据自身理解来确定规范性文件有关条款的同一含义，并无确定前述不同规范性文件各自效力位阶的必要性。反之，有权机关以外的主体提出相互冲突的主张，仅能代表其一方观点，并不具有普遍的法律效力，甚至可推定其对前述不同位阶规范性文件相关条文的立法原意之理解不全面、不正确。若实践中出现立法性文件相互之间明显冲突的极端现象，此时相关主体应当中止法律依据的确定，提请有权机关按照法定权限启动立法监督程序，而非否定法律、行政法规或司法解释某一规范性文件的法律效力。综上，对于最高人民法院依法制定的司法解释，在作出裁判时可以直接加以援引。因此，关于本案所涉《工伤保险司法解释》系对《社会保险法》的解释，其在制定过程中亦征求立法机关意见并得到支

---

① 实践中也存在一些特殊情形，如《行政诉讼法》的司法解释，它是法院审理行政案件、进行诉讼活动必须遵守和直接适用的准则，人民法院更了解法律理解的问题所在及现实需要，对《行政诉讼法》的解释有必要交由最高人民法院制定司法解释。《行政诉讼法》的每一条规定都可能在具体案件中适用，相应存在理解不同的问题，都有必要作出司法解释。因此，《行政诉讼法司法解释》的实质也是由每一类或每一个具体问题的解释集合体，其本身并未超出法律的授权范围。

持，其本身等同于《社会保险法》。且《社会保险法》未授权可以制定不同规定的地方性法规或规章。因此，地方制定的实施工伤保险条例办法与司法解释不相符的，则可推定其与《社会保险法》不相符。在法律适用时，应当援引司法解释的相关规定。

正是基于前述法律精神，在吉林省高级人民法院就第三人侵权造成工伤的赔偿问题再次向最高人民法院提出请示时，最高人民法院明确作出答复①："因第三人侵权死亡且属于工伤情形的，死者亲属在获得民事赔偿后，仍可以根据《工伤保险条例》《工伤保险司法解释》等规定主张工伤保险待遇。民事赔偿已经支付医疗费用的，不得主张工伤医疗费用。"

三、第三人侵权造成工伤可以获得双重待遇的法理依据

关于工伤与侵权竞合问题，通过前述法律适用规则可以得出相应结论。但在理论分析层面，仍存在完全相反的观点，即认为两种待遇不能并存。主要理由有：第一，工伤保险待遇是一种公力救济，如果在获得侵权赔偿后仍然全部补偿，可能会偏离社会救助的立法初衷。另外，我国工伤保险基金的数额仍较为有限，应当用于最需要予以救助的对象。第二，受侵权的劳动者所受到的伤害相同，其获得的补偿应当相同，不应因侵权主体的不同而所获得的待遇完全不同，而应仅是支付主体的不同。侵害劳动者的主体主要为用人单位和第三人，工伤保险的主要目的之一为分散用人单位的风险，第三人侵权造成工伤的由第三人支付，单位造成工伤的由工伤保险基金代替支付。因此，为进一步增强前述结论的理论认同性，有必要进一步深入剖析内在的法律精神和制度价值。

① 《最高人民法院关于因第三人侵权而死亡者亲属在获得民事赔偿后是否还可以获得工伤保险补偿的答复》[（2016）最高法行他9号]。

（一）工伤保险制度的设计目的

工伤保险属于社会保险，而社会保险本身也属于保险的一种，具有保险的基本特征和属性，其与商业保险等保险类型的区别，仅在于保险人和被保险人方面的不同。根据《保险法》第四十六条规定："被保险人因第三者的行为而发生死亡、伤残或者疾病等保险事故的，保险人向被保险人或者受益人给付保险金后，不享有向第三者追偿的权利，但被保险人或者受益人仍有权向第三者请求赔偿。"第六十条规定："因第三者对保险标的的损害而造成保险事故的，保险人自向被保险人赔偿保险金之日起，在赔偿金额范围内代位行使被保险人对第三者请求赔偿的权利。前款规定的保险事故发生后，被保险人已经从第三者取得损害赔偿的，保险人赔偿保险金时，可以相应扣减被保险人从第三者已取得的赔偿金额。保险人依照本条第一款规定行使代位请求赔偿的权利，不影响被保险人就未取得赔偿的部分向第三者请求赔偿的权利。"根据前述规定，人身损害与保险标的之间的保险权利有明显差别，人身损害可以获得双重赔偿，而保险标的物的损害则不能获得双重赔偿。这表明国家对人身损害保护的重视和加强。因此，工伤保险也应遵循同样的法律精神，可以获得双重待遇。

（二）充分保障工伤人员合法权益的价值选择

有关受伤人员所能提出的主张，执法实践中存在不同的操作模式。根据获得人身赔偿或工伤待遇的程序，可分为两种：有先后顺序、不分先后顺序。根据所能获得的赔偿或补偿项目，可分为三种：固定其中一种获得、择高获得、同时获得。根据人身损害赔偿与工伤保险待遇的对比情况（见附表），由于受伤人员的具体情况不同，其所能获得的人身损害赔偿与所能享受到的工伤保险待遇并不完全等同，也难以直接、完全确定高与低或多与少之分。采取单一赔偿模式充分救济工伤人员，在实践中较难操作。身体受到伤害的人员，其最大的痛苦可能并非来自身体，而是精神上的痛苦，这些痛苦在事后补救时通常只能靠金钱上的弥补。国外在精神损害赔偿方面制度较为完善，而我国目前在此方面仍显不足，主要是恢复性的赔偿。甚至在人身损害的第三方救济方面，通常都得不到及时、足额的赔偿，因而规定双赔制度，更有利于救济工伤人员的合法权益。

（三）执法实践的价值引领

工伤保险待遇由工伤保险基金予以支付，工伤保险基金的支付对象为工伤人员，其在制度设计时仅考虑是否属于工伤，应用于且只用于工伤人员，而并不考虑该工伤是否有其他主体予以赔偿。此外，工伤保险基金需要支付工伤人员待遇部分，所占费用中数额可能最大或最不确定的项目为医疗费，如对于需要长期医治的人员所花费的医疗费可能数额巨大，国家在制度设计时将医疗费排除出双重待遇范围[①]，即已考虑到为工伤保险基金最大程度的减压。最后，工伤人员同样的情形，不能因有无第三方责任主体的不同，而导致能否获得工伤保险待遇的结果不同。否则，可能存在因选择性确定第三方责任主体而带来的道德风险，产生不良的社会效应。

---

① 有观点认为，医疗费仅能单独获得，主要原因为只有一份票据。但笔者认为这仅是原因之一。从不同赔偿的事项来看，有多个项目仅有一份票据，但并未排除出双赔的范围。

附表：

赔偿或待遇事项	人身损害赔偿	工伤保险待遇
医药费	1. 按照一审法庭辩论终结前实际发生的数额确定。 2. 器官功能恢复训练所必要的康复费、适当的整容费以及其他后续治疗费。	1. 治疗工伤所需费用（符合工伤保险诊疗项目目录、工伤保险药品目录、工伤保险住院服务标准的）。 2. 工伤康复的费用。
误工费	根据受害人的误工时间和收入状况确定。	停工留薪期内原工资福利待遇不变。
护理费	1. 根据护理人员的收入状况和护理人数、护理期限确定。 2. 定残后的护理，根据其护理依赖程度并结合配制残疾辅助器具的情况确定护理级别。	按照生活完全不能自理、生活大部分不能自理或者生活部分不能自理三个不同等级支付，其标准分别为统筹地区上年度职工月平均工资的50%、40%或者30%。
交通住宿费	1. 根据受害人及其必要的陪护人员因就医或者转院治疗实际发生的费用计算，以正式票据为凭。 2. 确有必要到外地治疗，因客观原因不能住院，受害人本人及其陪护人员实际发生的住宿费和伙食费，其合理部分。	到统筹地区以外就医所需的交通、食宿费用。
住院伙食补助费	参照当地国家机关一般工作人员的出差伙食补助标准予以确定。	治疗工伤的伙食补助费。
必要营养费	根据受害人伤残情况参照医疗机构的意见确定。	——

（续表）

赔偿或待遇事项	人身损害赔偿	工伤保险待遇
残疾赔偿金	根据受害人丧失劳动能力程度或者伤残等级，按照受诉法院所在地上一年度城镇居民人均可支配收入或者农村居民人均纯收入标准。	1. 按伤残等级支付一次性伤残补助金。 2. 按月支付伤残津贴。 3. 与用人单位解除或者终止劳动关系的，获一次性工伤医疗补助金。
残疾辅助器具费	按照普通适用器具的合理费用标准计算；辅助器具的更换周期和赔偿期限参照配制机构的意见确定。	安装假肢助器具所需费用按照国家规定的标准。
丧葬费	按照受诉法院所在地上一年度职工月平均工资标准，以六个月总额计算。	六个月的统筹地区上年度职工月平均工资。
被扶养人生活费	根据扶养人丧失劳动能力程度，按照受诉法院所在地上一年度城镇居民人均消费性支出和农村居民人均年生活消费支出标准计算。	按照职工本人工资的一定比例。配偶每月 40%，其他亲属每人每月 30%，孤寡老人或者孤儿每人每月在上述标准的基础上增加 10%。核定的各供养亲属的抚恤金之和不应高于因公死亡职工生前的工资。
死亡赔偿金	按照受诉法院所在地上一年度城镇居民人均可支配收入或者农村居民人均纯收入标准，按二十年计算。	上一年度全国城镇居民人均可支配收入的 20 倍 。
其他费用	——	工伤职工工伤复发，确认需要治疗的，享受工伤医疗等相关工伤待遇。

法律法规链接

1.《最高人民法院关于审理工伤保险行政案件若干问题的规定》（2014年4月21日）

第八条 职工因第三人的原因受到伤害，社会保险行政部门以职工或者其近亲属已经对第三人提起民事诉讼或者获得民事赔偿为由，作出不予受理工伤认定申请或者不予认定工伤决定的，人民法院不予支持。

职工因第三人的原因受到伤害，社会保险行政部门已经作出工伤认定，职工或者其近亲属未对第三人提起民事诉讼或者尚未获得民事赔偿，起诉要求社会保险经办机构支付工伤保险待遇的，人民法院应予支持。

职工因第三人的原因导致工伤，社会保险经办机构以职工或者其近亲属已经对第三人提起民事诉讼为由，拒绝支付工伤保险待遇的，人民法院不予支持，但第三人已经支付的医疗费用除外。

2.《最高人民法院关于审理人身损害赔偿案件适用法律若干问题的解释》[①]（2003年12月26日）

第十二条 依法应当参加工伤保险统筹的用人单位的劳动者，因工伤事故遭受人身损害，劳动者或者其近亲属向人民法院起诉请求用人单位承担民事赔偿责任的，告知其按《工伤保险条例》的规定处理。

因用人单位以外的第三人侵权造成劳动者人身损害，赔偿权利人请求第三人承担民事赔偿责任的，人民法院应予支持。

---

① 2022年2月15日已修正。

类案检索报告

一、检索工具：法信平台——类案检索、中国裁判文书网。

二、关键词：工伤赔偿、第三人侵权；筛选条件：案件——行政案件。

三、检索结果：检索关键词“工伤赔偿、第三人侵权”，选择与本案相似的6件行政诉讼案件。

四、类案文书：

序号	案件名称	案由	案号
1	何某兰、姚某林、姚某诉四川省青川县医疗保险管理局社会保障行政给付案	行政给付	（2019）川行再7号
2	黎某月诉浙江省三门县人力资源和社会保障局工伤行政确认案	工伤认定	（2019）浙行申1041号
3	江西安石建设集团有限公司诉重庆市梁平区人力资源和社会保障局工伤认定案	工伤认定	（2020）渝行申250号
4	通化市蓝洋食品有限公司诉通化市人力资源和社会保障局工伤认定案	工伤认定	（2019）吉行申54号
5	永登鹏程物资供应部因魏某莲诉甘肃省人力资源和社会保障厅劳动和社会保障行政复议案	行政复议	（2019）甘行终407号
6	庄某胜等5人诉扬州市江都区社会保险基金管理中心给付工伤保险待遇案	给付工伤保险待遇	（2020）苏行申92号

（撰写人：章文英）

16. 行政赔偿案件的判决方式

案情摘要

甲政府制定《某项目拆迁补偿安置方案》，包括安置范围、补偿办法、回迁安置等主要内容。张某某、侯某某房屋在该文件规定的拆迁范围之内。2010年5月，张某某、侯某某的涉案房屋被拆除。2013年9月，张某某以其房屋被强行拆除、造成经济损失为由，分别提起确认行政行为违法诉讼及行政赔偿诉讼。2014年3月，一审法院作出行政判决，确认甲政府强制拆除张某某房屋的行为违法。甲政府不服该判决提起上诉，二审法院维持一审判决。2015年6月，张某某、侯某某再次向法院提起行政赔偿诉讼，要求判令甲政府赔偿损失。一审法院判决甲政府赔偿申请人房屋损失及相应利息。张某某、侯某某不服提起上诉。二审法院认为甲政府赔偿申请人房屋损失的数额，应当比照同区位、现阶段房屋的市场价格计算，一审法院判决赔偿数额显属不当，应予撤销，裁定撤销一审判决，发回重审。

法律问题

人民法院审理行政赔偿案件能否不对赔偿请求直接作出实体处理，而仅判决行政机关予以全面赔偿？

不同观点

甲说：可以判决行政机关全面赔偿

行政机关相关行政行为被确认违法后，当事人直接向法院提起行政赔偿诉讼，由于此种情况当事人的赔偿事由未经行政行机关先行处理，有关赔偿事项和赔偿数额问题可能仍然需要行政机关进一步审查核实，此时应当尊重行政机关的首次判断权，可以判决行政机关按照全面赔偿原则，对当事人的合法权益及时赔偿。

乙说：应当由人民法院直接对赔偿事项作出实体判决

以有关赔偿事项和赔偿数额问题仍需赔偿机关进一步审查核实为由，责令行政机关对当事人依法予以全面赔偿，有违《行政诉讼法》实质化解行政争议的目的。人民法院应按照拆迁补偿安置政策并结合案件实际情况对损害事实进行审理，在能够确定赔偿项目、数额的情况下，应当作出具有具体赔偿内容的行政赔偿判决。

法官会议意见

采乙说

人民法院审理行政赔偿案件，在能够查明损害事实，明确赔偿项目、数额的情况下，应当依法作出明确而具体

的赔偿判决，切实保护赔偿请求人的合法权益，实质性解决行政争议，不应再判决由赔偿义务机关作出赔偿决定。

意见阐释

本案是一起由于行政机关强制拆除房屋的行政行为被人民法院确认违法后引起的行政赔偿诉讼。本案值得探讨的问题是人民法院受理行政赔偿诉讼后，可否不对赔偿请求作出实体处理，而判决行政机关全面赔偿？

一、行政赔偿相关程序及路径

（一）行政赔偿相关程序

行政赔偿程序，是指行政赔偿请求权人依法获得国家赔偿、有关机关办理行政赔偿事务所应当遵循的方式、步骤、顺序、时限等的总称，它包括行政赔偿的行政处理程序和行政诉讼程序。行政赔偿程序关乎行政赔偿活动能否有序开展，关系公民权利能否获得公正的救济和保障，还关涉行政主体的责任能否依法得到有效的追究。《国家赔偿法》第九条第二款规定："赔偿请求人要求赔偿，应当先向赔偿义务机关提出，也可以在申请行政复议或者提起行政诉讼时一并提出。"根据该规定，赔偿请求人请求行政赔偿的程序有三种：向赔偿义务机关提出，申请复议时一并提出和提起诉讼时一并提出。另外，除了《国家赔偿法》第九条第二款规定的三种行政赔偿程序，1997年《最高人民法院关于审理行政赔偿案件若干问题的规定》第四条第二款还规定了第四种程序，即赔偿请求人单独提起行政赔偿诉讼的程序。以上四种程序中，向赔偿义务机关提出和申请复议时一并提出属于行政机关处理程序，而提起诉讼时一并提出和赔偿请求人单独提起行政赔偿诉讼，则属于行政赔偿诉讼程序。

（二）行政机关处理程序与行政赔偿诉讼程序之间的关系

1. 单独提起行政赔偿请求时的行政机关先行处理原则

从世界范围来看，对行政赔偿程序的规定大致分为以下几类：一是没有规定行政先行处理程序，赔偿请求人可以直接通过诉讼请求国家赔偿。例如在英国，行政赔偿可以直接通过行政赔偿诉讼来解决，该诉讼适用民事诉讼规则。在日本，国家赔偿诉讼依民事诉讼程序进行，与一般民事诉讼程序没有区别。二是规定行政先行处理程序是行政赔偿的必经程序和提起诉讼的前提，如美国和法国。1966 年修改后的《美国联邦侵权赔偿法》规定，行政机关首先进行行政赔偿程序是法院受理赔偿请求的前提。在法国，当事人在向行政法院请求损害赔偿之前，必须先向行政机关请求赔偿，只有在行政机关作出拒绝全部或者部分请求的行政决定后，才能向行政法院起诉。[①] 所谓先行处理程序，就是受害人与侵权人之间先行协商和处理的程序。考虑到目前我国没有独立的国家赔偿诉讼途径，也没有规定国家赔偿可以适用民事诉讼程序，采用行政先行处理程序是比较适应我国国情的，因此，2010 年修改《国家赔偿法》时，在取消行政确认程序的同时，保留了原有的行政先行处理程序。[②]

据此，如果受害人单独提出行政赔偿请求，必须由行政机关先行处理，只有受害人对行政机关的处理决定不服或行政机关逾期不作赔偿决定的情况下，才能提起行政赔偿诉讼。

2. 当事人可以在提起行政复议和行政诉讼时一并提出行政赔偿请求

《行政复议法》第二十九条规定：申请人在申请行政复议时

① 参见全国人大常委会法制工作委员会国家法室编著：《中华人民共和国国家赔偿法解读》，中国法制出版社 2010 年版，第 50 页。

② 参见全国人大常委会法制工作委员会国家法室编著：《中华人民共和国国家赔偿法解读》，中国法制出版社 2010 年版，第 51 页。

可以一并提出行政赔偿请求，行政复议机关对符合《国家赔偿法》的有关规定应当给予赔偿的，在决定撤销、变更具体行政行为或者确认具体行政行为违法时，应当同时决定对被申请人依法给予赔偿。申请人在申请行政复议时没有提出行政赔偿请求的，行政复议机关在依法决定撤销或者变更罚款，撤销违法集资、没收财物、征收财物、摊派费用以及对财产的查封、扣押、冻结等具体行政行为时，应当同时责令被申请人返还财产，解除对财产的查封、扣押、冻结措施，或者赔偿相应的价款。《行政诉讼法司法解释》第六十八条规定，请求行政机关予以赔偿属于“有具体的诉讼请求”，当事人单独或者一并提起行政赔偿、补偿诉讼的，应当有具体的赔偿、补偿事项以及数额。

就本案而言，2013 年 9 月，张某某以其房屋被强行拆除、造成经济损失为由，分别提起确认行政行为违法诉讼及行政赔偿诉讼。此时，张某某实际上是一并提起行政赔偿诉讼，人民法院在当时情形下的正确做法是，对张某某的两个诉讼请求合并审理，在判决确认强拆行为违法的同时，一并判决行政赔偿。但是，本案一审法院对张某某的行政赔偿诉讼未予处理，造成张某某在强拆行为被人民法院终审判决确认违法后再次提起行政赔偿诉讼，此时应当视为张某某的后诉是 2013 年一并提起行政赔偿诉讼的继续，不属于单独提起行政赔偿诉讼的情形。

二、人民法院审理行政赔偿案件应当力争实质化解行政争议

人民法院审理行政赔偿案件，在行政机关未就赔偿事项作出处理的情况下，应当如何处理呢？本案的一审、二审判决正好代表了实践中两种最常见的处理思路：一是人民法院直接计算赔偿数额，并要求行政机关根据该数额对当事人予以赔偿，如本案一审判决对当事人的房屋损失和附属物损失予以了明确的计算。二

是人民法院不直接计算赔偿数额，而是指出需要赔偿的项目和标准，要求行政机关全面赔偿。司法实践中，采用上述两种方式来处理行政赔偿纠纷的案例均不少见。那么在上述两种处理方式采用何种方式中来处理行政赔偿纠纷更为合理，关键在于行政赔偿诉讼中应当坚持《行政诉讼法》化解行政争议的立法目的。

在当事人依照《国家赔偿法》的规定提出明确的赔偿请求、已经进入司法程序的情况下，人民法院应当对赔偿请求作出实体处理，不应再判决由赔偿义务机关先行作出赔偿决定，使赔偿争议又回到行政途径。因此，相比而言，第一种处理思路可能更为合理，因为如果采取第二种处理方式，会存在以下几个方面的问题：其一，行政赔偿纠纷依然没有得到实质解决，当事人之间行政赔偿争议仍处于待决状态。其二，第二种处理方式难以得到执行。如本案中，当事人在二审判决生效后向人民法院申请执行，但是当事人申请执行被驳回，理由是本案没有可执行的标的。

人民法院审理行政赔偿案件坚持实质化解行政争议，尽可能依法作出具有具体赔偿内容的行政赔偿判决，主要是基于以下几个方面的理由。

第一，以司法最终解决方式尽快解决行政争议。社会矛盾一旦产生，应当有多种纠纷途径和方式加以解决。包括法律途径，也包括非法律途径，既有司法机关解决，也有社会组织解决、行政机关解决。司法裁判是定分止争的重要方式，但并非唯一方式。要充分认识到多元纠纷解决机制在行政赔偿纠纷诉讼解决中的重要性，尽可能发挥社会组织、行政机关的救济功能作用，坚持把“非诉讼纠纷解决机制挺在前面”。因此，要强调司法是权利救济的最后一道防线，而非第一道防线。但是与此同时，也需明确，虽然应充分发挥社会组织、行政机关的救济功能作用，但是不能以此来替代司法最终救济，应当将司法最终救济居于整个救济体系的中心。

第二，充分尊重当事人选择救济途径的权利。如前文所述，行政赔偿纠纷一旦产生，有多种途径和方式当事人可以选择来解决此纠纷。虽然诉讼途径并非当事人首选或者唯一可选择的途径，但是当事人一旦选择诉讼途径，则纠纷就应当按照司法程序来解决。对于当事人所选择的救济途径，人民法院应当予以尊重，不能以人民法院认为对当事人有利的方式，帮助当事人选择解决其纠纷的救济途径。具体到行政赔偿诉讼中，赔偿请求人一并提起行政诉讼确认行政行为违法，由于人民法院的责任，未就一并提起的行政赔偿诉讼作出处理，之后赔偿请求人再提起行政赔偿诉讼，属于一并提起行政赔偿诉讼的情形。即，当事人选择通过司法途径解决其赔偿问题，人民法院应当尊重当事人的选择。

第三，尽量减少当事人诉累，实质性化解行政争议。虽然如前文所述，行政机关先行处理行政赔偿纠纷具有一定优势，可以让赔偿义务机关先行自我纠正，提高处理效率。但是在实践中，由赔偿义务机关处理赔偿纠纷也存在一些问题，例如，有的赔偿义务机关对赔偿请求长时间置之不理，甚至予以刁难，久拖不决；有的赔偿义务机关对赔偿问题不能作出合法、合理的赔偿决定，对当事人的赔偿请求不依法予以支持。因此，在当事人选择人民法院一并处理赔偿纠纷的情况下，由人民法院直接判决赔偿更有利于公平、公正解决问题，避免行政机关对赔偿问题不予处理、拖延处理或者作出不合理的赔偿决定，最后当事人仍然需要通过司法裁判寻求救济，增加当事人的诉累。

三、本案处理思路

具体到本案中，二审法院以“有关赔偿事项和赔偿数额问题仍需要甲政府进一步审查核实”为由，判决撤销一审行政赔偿判决，责令甲政府对当事人依法予以全面赔偿，则有违实质化解争议的行政诉讼法立法目的，裁判方式明显不当，应予纠正。二审法院应按照拆迁补偿安置政策并结合本案实际情况确定合理的赔偿数额，及时作出赔偿判决。具体到赔偿的数额，为确保当事人获得及时、公平、公正的救济，在行政机关违法强制拆除当事人房屋，难以对房屋及其他损失进行鉴定的情况下，人民法院可以根据张某某、侯某某提出的行政赔偿诉讼请求，结合案件具体情况，参照征收补偿方案确定的征收补偿标准，全面、充分考虑当事人的各项损失，确定损失数额，直接判决行政机关对房屋及其他人身、财产损失一并予以行政赔偿，法院在判令赔偿时的标准至少不应低于补偿标准。

法律法规链接

1.《中华人民共和国国家赔偿法》（2012年10月26日第二次修正）

第二条 国家机关和国家机关工作人员行使职权，有本法规定的侵犯公民、法人和其他组织合法权益的情形，造成损害的，受害人有依照本法取得国家赔偿的权利。

本法规定的赔偿义务机关，应当依照本法及时履行赔偿义务。

第九条 赔偿义务机关有本法第三条、第四条规定情形之一的，应当给予赔偿。

赔偿请求人要求赔偿，应当先向赔偿义务机关提出，也可以在申请行政复议或者提起行政诉讼时一并提出。

2.《最高人民法院关于审理行政赔偿案件若干问题的规定》①（1997年4月29日）

第四条 公民、法人或者其他组织在提起行政诉讼的同时一

① 2022年5月1日废止。

并提出行政赔偿请求的，人民法院应一并受理。 赔偿请求人单独提起行政赔偿诉讼，须以赔偿义务机关先行处理为前提。赔偿请求人对赔偿义务机关确定的赔偿数额有异议或者赔偿义务机关逾期不予赔偿，赔偿请求人有权向人民法院提起行政赔偿诉讼。

第二十一条 赔偿请求人单独提起行政赔偿诉讼，应当符合下列条件：

（1）原告具有请求资格；

（2）有明确的被告；

（3）有具体的赔偿请求和受损害的事实根据；

（4）加害行为为具体行政行为的，该行为已被确认为违法；

（5）赔偿义务机关已先行处理或超过法定期限不予处理；

（6）属于人民法院行政赔偿诉讼的受案范围和受诉人民法院管辖；

（7）符合法律规定的起诉期限。

类案检索报告

一、检索工具：法信平台——类案检索。

二、关键词：行政赔偿、司法最终；筛选条件：法院层级——最高人民法院。

三、检索结果：检索关键词“行政赔偿、司法最终”，检索出与本案相似度较高的案件共2件。

四、类案文书：

序号	案件名称	案由	案号
1	段某 1、段某 2 诉衡阳市人民政府行政复议决定、衡阳市石鼓区人民政府及衡阳市石鼓区城管执法局强制拆除行为及行政赔偿案	行政复议、强制拆除及行政赔偿	（2017）最高法行再 97 号
2	王某诉湖北省武汉市青山区人民政府行政赔偿案	行政赔偿	（2020）最高法行申 2359 号

（撰写人：周觅）

17. 政府信息公开与个人隐私保护

案情摘要

黄某向某区政府提出信息公开申请，要求公开其征收片区房屋评估结果及所有分户的补偿结果等信息。某区政府作出政府信息公开答复书，认为黄某要求公开的其片区房屋评估结果涉及个人隐私，在未征得他人同意的前提下不能公开；拆迁安置补偿结果不是政府信息，不适用政府信息公开的有关规定。黄某不服，提起行政诉讼，请求判令某区政府履行信息公开法定义务，按法定方式公开其申请的信息。

法律问题

权利人不同意公开房屋征收中有关评估及补偿信息，可否成为绝对豁免行政机关提供信息的事由？

不同观点

甲说：可以豁免说

房屋征收中有关评估及补偿信息涉及被征收人的个人隐私。公开此类信息会对被征收人的合法权益造成损害。在被征收人不同意的情况下，行政机关不得公开。

乙说：不可豁免说

房屋征收中有关评估及补偿信息虽涉及被征收人的个人隐私，但不公开此类信息会对公共利益造成重大影响，行政机关不得以被征收人不同意为由拒绝公开。

法官会议意见

采乙说

申请人申请公开其所在片区房屋征收中有关评估及补偿信息，行政机关应否予以公开政府信息涉及利益衡量问题。首先，被征收人的房屋评估及补偿信息涉及个人财产，具有私密性，公开信息可能侵害被征收人的隐私权。其次，在房屋征收过程中，坚持公开透明是征收工作的基本要求。必要的信息公开是实现公民知情权、参与权的内在要求，更是实现公平征收的需要。公开此类信息有利于监督公共资金使用的合法性和效益性，监督行政机关履行职能，确保或者提高公务人员的责任心，符合政府信息公开的立法目的。在全面解构了案涉政府信息涉及的利益因素之后，可以得出公开案涉政府信息的公共利益优于被征收人的个人隐私利益，不公开此类信息会对公共利益造成重大影响，案涉政府信息应予公开的结论。

意见阐释

一、政府信息的公开范围

（一）政府信息公开的目的

世界上已制定政府信息公开法律的国家多认为，人民对于政府的有效监督来自对国家拥有信息的充分知悉，政府有责任向身为主权者的人民说明其政策决定过程、施政的经过及结果，公开政府信息可以让人民监督政府施政有无违背民意，是否透明、公平，减少政府滥用职权及渎职，增加人民对政府的了解与信赖。例如，美国于1966年6月20日公布的《资讯自由法》确定立法的基本目的为提升行政运作的公开性及确立政府的说明责任，以促进人民参与行政监督。[①]

我国于2019年4月3日公布修订后的《政府信息公开条例》第一条即明示其立法目的为："为了保障公民、法人和其他组织依法获取政府信息，提高政府工作的透明度，建设法治政府，充分发挥政府信息对人民群众生产、生活和经济社会活动的服务作用，制定本条例。"根据此立法目的，政府信息公开有利于满足人民群众信息公开的需要，可以促使政府工作的过程更加透明化，进一步畅通公众对政府的监督渠道，也是建设法治政府的必要手段。该条例第二条将"政府信息"界定为"行政机关在履行行政管理职能过程中制作或者获取的，以一定形式记录、保存的信息"。为实现《政府信息公开条例》的立法目的，行政机关应主动或依申请公开其保有的政府信息。

---

① See U. S. Department of Justice Office of Information and Privacy: Freedom of Information Act Guide & Privacy Actoverview, September 1998 Ed, p.3.

（二）政府信息公开的范围

基于行政公开、透明化原则，各国对于政府信息公开的范围多秉持“公开为原则，不公开为例外”的基本原则，而有关不公开信息的例外事项是决定信息公开范围的关键点。只有对不予公开的信息作出明确规定，“以公开为原则”才有实现的前提和基础。

为了避免行政机关滥用限制信息公开的条文规避公开政府信息责任或因不当公开信息而侵害个人、国家利益或安全，限制信息公开的规定须符合比例原则、明确性原则与客观性原则。具体而言，一是基于比例原则，对于信息公开限制的范围应局限于“必要最小程度”的范围内。二是基于明确性原则，限制公开的范围必须明白、确定，不能给予行政机关过多的裁量余地。三是基于客观性原则，其判断基准必须客观，以此预防行政机关主观擅断。只有这样，才能准确贯彻政府信息公开的立法本意，亦可避免出现因不当的信息公开行为而使国家安全、个人隐私、商业秘密等受到侵害。

纯粹从技术层面来看，信息公开范围的划定方法已经基本成熟。把世界各国信息公开法中有关的豁免公开条款汇聚起来，进行分析、提炼、归纳，可以得到划定信息公开范围的主要方法：一是信息属性标准，其以信息的属性作为判断标准。不予公开的信息主要是国家秘密信息、个人隐私信息、商业秘密信息等。二是以信息公开可能造成的损害为判断标准，即公开损害标准。其是以公开可能造成的损害作为判断标准，即如果特定信息的公开将造成特定的损害后果，则相应信息可以免于公开。如《瑞士关于行政透明原则的联邦法律》第 7 条规定，如果查阅官方文件会出现以下情况，则这种查阅权会被限制、迟延或拒绝：严重损害受该法监管的当局或其他立法、行政、司法机关的意见自由形成过程和决策程序；影响当局作出的与其目标一致的具体措施的执行；很可能危害到瑞士的国内外安全……三是以时间段作为信息不公开的时间标准，规定在特定时间段内信息不公开。[①]

美国、日本的政府资讯公开法均规定政府所保有的信息，以公开为原则，在公开会危害国家安全、个人隐私、营业秘密及其他国家、行政、个人等的重要利益时才例外加以限制而不予公开。我国2019年修订后的《政府信息公开条例》明确了有关不公开信息的豁免条款。具体情形包括：（1）国家秘密；（2）法律、行政法规禁止公开的政府信息；（3）公开后可能危及国家安全、公共安全、经济安全、社会稳定的政府信息；[②]（4）损害第三方利益的信息；[③]（5）内部事务信息；[④]（6）过程性信息；（7）行政执法案卷信息；[⑤]（8）行政查询事项。[⑥]简而言之，当国家安全利益、行政机关行政上的利益或他人重要权益优先于信息公开申请人知

① 参见王敬波：《政府信息公开国际视野与中国发展》，法律出版社2016年版，第78~79页。

② 《政府信息公开条例》第十四条规定："依法确定为国家秘密的政府信息，法律、行政法规禁止公开的政府信息，以及公开后可能危及国家安全、公共安全、经济安全、社会稳定的政府信息，不予公开。"

③ 《政府信息公开条例》第十五条规定："涉及商业秘密、个人隐私等公开会对第三方合法权益造成损害的政府信息，行政机关不得公开。但是，第三方同意公开或者行政机关认为不公开会对公共利益造成重大影响的，予以公开。"

④ 《政府信息公开条例》第十六条第一款规定："行政机关的内部事务信息，包括人事管理、后勤管理、内部工作流程等方面的信息，可以不予公开。"

⑤ 《政府信息公开条例》第十六条第二款规定："行政机关在履行行政管理职能过程中形成的讨论记录、过程稿、磋商信函、请示报告等过程性信息以及行政执法案卷信息，可以不予公开。法律、法规、规章规定上述信息应当公开的，从其规定。"

⑥ 《政府信息公开条例》第三十六条第七项规定："所申请公开信息属于工商、不动产登记资料等信息，有关法律、行政法规对信息的获取有特别规定的，告知申请人依照有关法律、行政法规的规定办理。"

悉政府信息的权利时，行政机关可以作出不予公开的决定。审判实践中，审查行政机关不予公开政府信息行为的合法性时，必须先判断被请求公开的政府信息是否具有法律法规限制公开的事由，避免出现因不当或违法公开政府信息造成危害国家安全、妨碍公务管理和政府职能的正常履行或损害他人合法权益的后果。

二、个人隐私的保护

（一）隐私权的概念

近年来，随着大数据分析等科技的迅猛发展，天然具有社会公共属性的个人信息可以轻易地被大量收集、复制、分享及流通，成为重要的社会资源。个人信息被侵害、滥用发生概率大为增加。隐私权亦随之扩大了范围，将“信息隐私权”与“人格自律权（自己决定权）”涵盖在内，即个人、集团或组织关于自己的信息，在何时、以何种方式、至何种程度、传达给他人的自己决定权属于隐私权的范畴。我国《民法典》适应时代发展，其第一千零三十二条明确将隐私界定为“自然人的私人生活安宁和不愿为他人知晓的私密空间、私密活动、私密信息”。同时明确规定“自然人享有隐私权。任何组织或者个人不得以刺探、侵扰、泄露、公开等方式侵害他人的隐私权”。隐私权在我国法律上已经明文化，《民法典》已明确规定隐私权是受保护的人格权。

（二）政府信息公开中的个人隐私保护

鉴于隐私权是维护人性尊严所必要的基本人权，行政机关即使为了满足人民群众知悉政府信息的权利而公开信息，也不得不当侵害个人的隐私权。域外立法多认为行政机关在保障公众知情权而公开或提供政府信息时，对于个人隐私的保护是不可或缺的。在政府信息公开范畴，对于隐私权保护有以下立法例：

一是隐私权型立法例。此种立法以公开为原则，但公开信息有侵害个人隐私时可例外限制公开。

二是个人识别型立法例。日本于1999年5月7日公布的《情报公开法》第5条第1项规定，有关个人资讯，依该当资讯所包含之姓名、出生年月日及其他记述得识别出特定个人者（包括借由与其他比对，得以识别特定个人者），或虽无法识别特定个人，但因公开仍有损害个人权利、利益之虞者，亦明定为限制公开事由。例外可公开的情形为：（1）依法令之规定或惯常行为公开或预定公开者；（2）为保护他人之生命、健康、生活或财产，认为有公开之必要者；（3）与公务员职务执行相关之职务及该当职务执行之内容。换言之，可以识别特定个人的资讯，原则上限制公开。但是有符合上述三项情形中任一条件者，可例外予以公开。

我国采隐私权型立法例。《政府信息公开条例》第十五条明确规定，涉及个人隐私等公开会对第三方合法权益造成损害的政府信息，行政机关不得公开。此规定将侵害个人隐私作为信息不公开的事由，例外予以公开的情形为“第三方同意公开或者行政机关认为不公开会对公共利益造成重大影响的”。该条文对于个人隐私的规定较为简略，因此，在《政府信息公开条例》施行过程中，必然面临隐私权及范围的界定问题，而根据我国《民法典》第一千零三十二条规定确定隐私权及其范围是解决此问题的妥当途径。

三、政府信息公开中涉及个人隐私时的利益衡量

因公开个人隐私容易导致第三方合法权益受到损害，是否凡涉及个人隐私，即不须探究公开该信息所造成的侵害是否仅仅属于个人的主观臆测或后果微不足道，都可以限制公开呢？我国《政府信息公开条例》第十五条规定公开涉及个人隐私的政府信息会对第三方合法权益造成损害的，行政机关不得公开。同时，规定可予以公开的例外情形为“第三方同意公开或者行政机关认

为不公开会对公共利益造成重大影响的”。根据此规定，因为公共利益而有公开必要时，涉及个人隐私的政府信息可例外地予以公开。据此可知，公共利益衡量适用于有关个人隐私的信息公开，公共利益可以作为例外予以公开的事由。

我国《政府信息公开条例》对于个人隐私利益的保护采隐私权型立法，只有第三人同意或不公开会对公共利益造成重大影响的，有关个人隐私信息才例外地予以公开。因不公开涉及个人隐私的信息是否会对公共利益造成重大影响而产生争议时，可从以下方面予以审查。

第一，对申请公开的信息进行全面的利益解构，直至将涉及的利益层层分解至最末端。

第二，判断申请公开的信息是否属于涉及个人隐私的信息。如果属于涉及个人隐私的信息，判断个人隐私利益是否值得保护。

第三，判断公开信息的公共利益是否符合《政府信息公开条例》的立法目的。如果公共利益的内容有助于实现“提高政府工作的透明度，建设法治政府，充分发挥政府信息对人民群众生产、生活和经济社会活动的服务作用”的立法目的，则此公共利益属于“不公开会对公共利益造成重大影响的”范畴，可认为公开信息符合妥当性原则。

第四，寻找有无可替代方法可实现既公开信息，又避免损害个人隐私利益。公开涉及个人隐私的信息如果是实现政府信息公开立法目的的唯一必要手段，可认为公开信息符合必要性原则。如果有其他适当的方式可以达到信息公开的立法目的，不得公开涉及个人隐私的信息。

第五，比较衡量个人隐私权利益与公共利益。列举出与利益衡量相关的因素后予以分析，对涉及的利益进行排序。只有当公开信息所实现的公共利益优于限制公开信息所保护的个人隐私利益时，个人信息才应予以公开。

第六，如果申请公开的政府信息中含有《政府信息公开条例》第三十七条[1]规定的限制公开或不属于政府信息内容者，依据该条规定的分离原则，行政机关仍应提供可公开部分。在不影响申请人知情权的情况下，可允许行政机关根据具体情况作出合理裁量。

四、本案的利益衡量分析

本案系因国有土地上的房屋征收引发的政府信息公开行政案件，其焦点问题是被征收人的评估及补偿信息是否属于个人隐私而依法免于公开。该问题实质上涉及了保障公众知情权与保护公民隐私权两者发生冲突时的处理规则。

首先，被征收人的评估及补偿信息涉及个人财产，一般属于涉及个人隐私的信息。

其次，在房屋征收过程中，坚持公开透明是征收工作的基本要求，此不但要求征收过程的公开，还要求补偿结果的公开。基于此种考量，《政府信息公开条例》第二十一条规定："除本条例第二十条规定的政府信息外，设区的市级、县级人民政府及其部门还应当根据本地方的具体情况，主动公开涉及市政建设、公共服务、公益事业、土地征收、房屋征收、治安管理、社会救助等方面的政府信息；乡（镇）人民政府还应当根据本地方的具体情况，主动公开贯彻落实农业农村政策、农田水利工程建设运营、农村土地承包经营权流转、宅基地使用情况审核、土地征收、房屋征收、筹资筹劳、社会救助等方面的政府信息。"《国有征补条

---

① 《政府信息公开条例》第三十七条规定："申请公开的信息中含有不应当公开或者不属于政府信息的内容，但是能够作区分处理的，行政机关应当向申请人提供可以公开的政府信息内容，并对不予公开的内容说明理由。"

例》第二十九条第一款规定："房屋征收部门应当依法建立房屋征收补偿档案，并将分户补偿情况在房屋征收范围内向被征收人公布"。《评估办法》第十六条规定："房屋征收部门应当将分户的初步评估结果在征收范围内向被征收人公示。"因此，被征收人要求公开相关评估及补偿信息涉及的公共利益符合《政府信息公开条例》的立法目的。

最后，通过公布评估、补偿信息，主动将政府的征收补偿公之于众，自觉接受公众监督，在保证补偿公平的同时，可以有效杜绝征收行为中的违法、违纪行为。比较衡量被征收人的隐私权及公民的知情权、监督权，知情权与监督权应该受到充分尊重，公开相关政府信息的请求应当得到支持，应当根据比例原则，通过被征收人让渡部分个人信息的方式优先保护与公共利益相关的知情权、监督权，相关政府信息的公开不应也不必以权利人的同意为前提。在不影响被征收人知情权和参与权的情况下，评估及补偿信息如何公开、具体公开什么内容等问题，应当允许行政机关根据具体情况作出合理裁量。

法律法规链接

1.《中华人民共和国政府信息公开条例》（2019 年 4 月 3 日修订）

第二条 本条例所称政府信息，是指行政机关在履行行政管理职能过程中制作或者获取的，以一定形式记录、保存的信息。

第十三条 除本条例第十四条、第十五条、第十六条规定的政府信息外，政府信息应当公开。

行政机关公开政府信息，采取主动公开和依申请公开的方式。

第十四条 依法确定为国家秘密的政府信息，法律、行政法规禁止公开的政府信息，以及公开后可能危及国家安全、公共安全、经济安全、社会稳定的政府信息，不予公开。

第十五条 涉及商业秘密、个人隐私等公开会对第三方合法权益造成损害的政府信息，行政机关不得公开。但是，第三方同意公开或者行政机关认为不公开会对公共利益造成重大影响的，予以公开。

第十六条 行政机关的内部事务信息，包括人事管理、后勤管理、内部工作流程等方面的信息，可以不予公开。

行政机关在履行行政管理职能过程中形成的讨论记录、过程稿、磋商信函、请示报告等过程性信息以及行政执法案卷信息，可以不予公开。法律、法规、规章规定上述信息应当公开的，从其规定。

第十九条 对涉及公众利益调整、需要公众广泛知晓或者需要公众参与决策的政府信息，行政机关应当主动公开。

第二十条 行政机关应当依照本条例第十九条的规定，主动公开本行政机关的下列政府信息：

（一）行政法规、规章和规范性文件；

（二）机关职能、机构设置、办公地址、办公时间、联系方式、负责人姓名；

（三）国民经济和社会发展规划、专项规划、区域规划及相关政策；

（四）国民经济和社会发展统计信息；

（五）办理行政许可和其他对外管理服务事项的依据、条件、程序以及办理结果；

（六）实施行政处罚、行政强制的依据、条件、程序以及本行政机关认为具有一定社会影响的行政处罚决定；

（七）财政预算、决算信息；

（八）行政事业性收费项目及其依据、标准；

（九）政府集中采购项目的目录、标准及实施情况；

（十）重大建设项目的批准和实施情况；

（十一）扶贫、教育、医疗、社会保障、促进就业等方面的政策、措施及其实施情况；

（十二）突发公共事件的应急预案、预警信息及应对情况；

（十三）环境保护、公共卫生、安全生产、食品药品、产品质量的监督检查情况；

（十四）公务员招考的职位、名额、报考条件等事项以及录用结果；

（十五）法律、法规、规章和国家有关规定规定应当主动公开的其他政府信息。

第二十一条 除本条例第二十条规定的政府信息外，设区的市级、县级人民政府及其部门还应当根据本地方的具体情况，主动公开涉及市政建设、公共服务、公益事业、土地征收、房屋征收、治安管理、社会救助等方面的政府信息；乡（镇）人民政府还应当根据本地方的具体情况，主动公开贯彻落实农业农村政策、农田水利工程建设运营、农村土地承包经营权流转、宅基地使用情况审核、土地征收、房屋征收、筹资筹劳、社会救助等方面的政府信息。

第三十七条 申请公开的信息中含有不应当公开或者不属于政府信息的内容，但是能够作区分处理的，行政机关应当向申请人提供可以公开的政府信息内容，并对不予公开的内容说明理由。

2.《国有土地上房屋征收与补偿条例》（2011 年 1 月 21 日）

第二十九条第一款 房屋征收部门应当依法建立房屋征收补偿档案，并将分户补偿情况在房屋征收范围内向被征收人公布。

3.《国有土地上房屋征收评估办法》（2011 年 6 月 3 日）

第十六条第一款 房地产价格评估机构应当按照房屋征收评

估委托书或者委托合同的约定，向房屋征收部门提供分户的初步评估结果。分户的初步评估结果应当包括评估对象的构成及其基本情况和评估价值。房屋征收部门应当将分户的初步评估结果在征收范围内向被征收人公示。

类案检索报告

一、检索工具：中国裁判文书网。

二、关键词：政府信息公开、个人隐私、征收；筛选条件：案件类型——行政案件；法院层级——最高人民法院。

三、检索结果：检索关键词“政府信息公开、个人隐私、征收”，共检索到28件，经筛选与本案相类似度高的案件共5件。

四、类案文书：

序号	案件名称	案由	案号
1	丁某玲诉河南省洛阳市瀍河回族区人民政府政府信息公开案	政府信息公开	（2019）最高法行申9514号
2	刘某森、刘某刚、刘某英诉河南省濮阳县人民政府政府信息公开案	政府信息公开	（2018）最高法行再180号
3	任某年诉陕西省西安市灞桥区人民政府信息部分公开告知案	政府信息部分公开告知	（2018）最高法行再76号
4	符某辉诉云南省昆明市西山区人民政府、云南省昆明市人民政府信息公开案	政府信息公开	（2018）最高法行申688号
5	李某轩等9人诉安徽省亳州市谯城区人民政府政府信息公开案	政府信息公开	（2017）最高法行申8741号

（撰写人：张艳）

后　　记

《最高人民法院行政审判庭法官会议纪要》系最高人民法院行政审判庭负责编辑的一套系列丛书，对最高人民法院行政审判庭法官会议讨论的典型案件进行全面梳理，提炼案件办理过程中形成的裁判规则，以指导同类案件的审理工作，推动法律适用的统一认识。丛书第一辑出版后，读者们反响很好，行政审判一线人员给予积极评价。

为保证《最高人民法院行政审判庭法官会议纪要》（第二辑）质量，最高人民法院行政审判庭在开展编审工作时，本着精心筛选、宁缺毋滥原则，多次召开法官会议逐案研究讨论，对于有典型意义但内部认识仍有较大分歧的案例不予采稿，仅采用在裁判规则上已形成普遍共识的案例，并对案件反映出的相关法律问题进行深度解读。

本书由章文英、牛延佳同志编辑，杨科雄同志统稿，于厚森、郭修江、梁凤云同志审核，贺小荣同志审定。本书可能还存在某些不足之处，敬请读者批评指正。本书观点如与最高人民法院审判委员会的意见不一致的，以最高人民法院审判委员会的意见为准。

最高人民法院行政审判庭

2023 年 3 月